Keitel / Maier
An den Schnittstellen zwischen Archiv und Gesellschaft

WERKHEFTE DES LANDESARCHIVS
BADEN-WÜRTTEMBERG

Herausgegeben
vom Landesarchiv Baden-Württemberg

Heft 30

2024

Jan Thorbecke Verlag

An den Schnittstellen
zwischen Archiv und Gesellschaft

Herausgegeben von Christian Keitel und Gerald Maier

2024

Jan Thorbecke Verlag

VERLAGSGRUPPE PATMOS

PATMOS
ESCHBACH
GRÜNEWALD
THORBECKE
SCHWABEN
VER SACRUM

Die Verlagsgruppe
mit Sinn für das Leben

Die Verlagsgruppe Patmos ist sich ihrer Verantwortung gegenüber unserer Umwelt bewusst. Wir folgen dem Prinzip der Nachhaltigkeit und streben den Einklang von wirtschaftlicher Entwicklung, sozialer Sicherheit und Erhaltung unserer natürlichen Lebensgrundlagen an. Näheres zur Nachhaltigkeits-Strategie der Verlagsgruppe Patmos auf unserer Website www.verlagsgruppe-patmos.de/nachhaltig-gut-leben

Bibliografische Information der Deutschen Nationalbibliothek
Die Deutsche Nationalbibliothek verzeichnet diese Publikation in der Deutschen Nationalbibliografie; detaillierte bibliografische Daten sind im Internet über http://dnb.d-nb.de abrufbar.

Alle Rechte vorbehalten
© 2024 Jan Thorbecke Verlag und Landesarchiv Baden-Württemberg
Verlagsgruppe Patmos in der Schwabenverlag AG, Ostfildern
www.thorbecke.de

Lektorat: Lydia Christine Michel, Landesarchiv Baden-Württemberg
Umschlaglayout: Bureau Johannes Erler, Hamburg
Satz: Offizin Scheufele Druck & Medien GmbH & Co. KG, Stuttgart
Druck: CPI books GmbH, Leck
Hergestellt in Deutschland
ISBN 978-3-7995-2080-5

Inhalt

Christian Keitel und Gerald Maier
Zum Geleit 7

Wolfgang Zimmermann
Die Dokumentationsstelle Rechtsextremismus im Landesarchiv Baden-Württemberg.
Vom parlamentarischen Auftrag zur archivischen Ausgestaltung 9

Cornelia Wenzel
Politik & Protest – Bewegungen zwischen Kurzlebigkeit und Langzeitarchivierung 15

Udo Schäfer
Rechtsstaat – Republik – Demokratie. Zur rechtlichen Dimension öffentlicher Archive . . 21

Jakob Wührer
Archivrechtliche Schlaglichter auf fünf Jahre DSGVO im EU-Raum 33

Wolfhart Beck
Wie das Archiv zum Lernort wurde – und wird. Initiativen, Netzwerke, Strukturen 47

Kai Wambach
Chancen an der Schnittstelle des Unmöglichen – Archive als Kommunikationsorte
der Wiedergutmachung 59

Katharina Tiemann
Beispiel Heimerziehung – Personenbezogene Recherchen als Beitrag der Archive
zur Aufarbeitung von Unrecht 73

Autorinnen und Autoren 83

Zum Geleit

Von Christian Keitel und Gerald Maier

Was sind „Archive"? Diese Frage wird in den letzten Jahren wieder häufiger gestellt und die Antwort fällt schwer, denn ein zentrales Merkmal von Archiven scheint darin zu bestehen, dass sie sich in verschiedener Hinsicht gleichzeitig nach außen hin abgrenzen und dazugehören. Die Schnittstelle, also der Ort, an dem bislang Zusammengehörendes getrennt wird, an dem es sich aber auch erneut begegnet, steht so sinnbildlich für Archive.

Archive sind schon immer ein Bestandteil ihrer Gesellschaft gewesen. Zugleich stehen sie ihr auch gegenüber, wenn sie die Dokumente aus ihrer aktiven „Produktionsumgebung" herauslösen, in ihre Magazine legen und so ihr Gedächtnis sind. Auch Archivarinnen und Archivare sind Kinder ihrer Zeit. Zugleich haben sie eine Perspektive auf künftige Gesellschaften, die weit in die Zukunft reicht. Sie übernehmen heute Unterlagen und hoffen, dass diese in fünf, fünfzig oder auch fünfhundert Jahren das Interesse ihrer Nutzerinnen und Nutzer erwecken oder gesellschaftliche Relevanz haben. Sie erschließen heute mit den Worten des frühen einundzwanzigsten Jahrhunderts und hoffen, dass die Worte auch in fernerer Zukunft noch verstanden werden. Mit Blick auf manche aus heutiger Sicht abwertenden und rassistischen Begrifflichkeiten früherer Fachkollegen erscheint diese Hoffnung nicht ganz trivial. Zu der bereits geschilderten Komplexität kommt daher neben dem Blick in die Zukunft auch die Reflexion der Vergangenheit. Außerdem muss die Aufgabe der Bestandserhaltung kontinuierlich von jeder Generation im Archiv neu angegangen werden, damit zum Zeitpunkt der Nutzung die Dokumente nicht nur gelesen werden können, sondern ihnen dann auch Glauben geschenkt wird. Die Nutzerinnen und Nutzer schließlich kommen nicht erst in fünfhundert Jahren, sondern auch schon morgen und übermorgen in die Archive, um nach dem Stück Geschichte zu suchen, das sie interessiert. Nicht selten ist es dann auch ein Teil ihrer eigenen Geschichte. In gewisser Hinsicht sind sie so alle Historikerinnen und Historiker, manchmal wissenschaftlich ausgebildete, manchmal auch auf anderem Weg zur Geschichte gekommene.

Wenn also Menschen von außerhalb zu den Archiven kommen, geht es nicht zuletzt darum, dass die Archivarinnen und Archivare einerseits ihre Häuser weitest möglich öffnen und zugleich auch darum, dass sie die jeweils andere Seite und vor allem den Blick auf die Zukunft in die Begegnung mit einfließen lassen. Mit diesen Worten möchten wir auch die Kernüberzeugungen unseres Kollegen Clemens Rehm ansprechen, die er während seines Berufslebens im Landesarchiv Baden-Württemberg ebenso beharrlich wie erfolgreich verfolgt hat. Clemens Rehm hat im deutschen Archivwesen bleibende Spuren hinterlassen, denen wir am 27. April 2023 auf einer in diesem Band dokumentierten Tagung im Generallandesarchiv Karlsruhe nachgegangen sind. Nicht ganz zufällig konnten wir die Beiträge den Themenbereichen der Politik, des Rechtsstaats und der Zivilgesellschaft zuordnen. Alle Beiträge der Tagung haben Eingang in diesen Band gefunden.

Gleich zwei Beiträge dieses Bandes behandeln Aufgaben, die zunächst im weiten Feld der Politik entstanden sind, die aber ohne eine Verankerung in den Archiven nicht dauerhaft bearbeitet werden können. Die deutsche Geschichte verpflichtet uns, rechtsextremen Tendenzen besonders aufmerksam nachzugehen. Der gesellschaftliche Diskurs darüber ist darauf angewiesen, dass einschlägige Dokumente und Informationen aufgefunden und in ihren jeweiligen Kontexten verortet werden können. Wolfgang Zimmermann berichtet, wie im Landesarchiv am Standort Generallandesarchiv Karlsruhe dafür die Dokumentationsstelle Rechtsextremismus eingerichtet wurde. Cornelia Wenzel führt im Anschluss aus, wie im Feld der Protestbewegungen die Bedarfe an Dokumentation zum Aufbau der Archive sozialer Bewegungen geführt haben. Auch hier ist es schlechterdings undenkbar, wie diese Phänomene ohne die Sicherung der Dokumente und Informationen in Archiven dauerhaft untersucht und diskutiert werden können.

Es sind aber nicht nur die volatilen öffentlichen Diskurse, für die die Archive wichtig sind. Udo Schäfer zeigt in seinem Beitrag, dass die Archive schon längst vom Gesetzgeber als konstitutiver Teil unseres Gemeinwesens betrachtet werden. Von diesem Gemeinwesen bekommen die Archive allerdings immer wieder neue Aufgaben gestellt, die sie dann intern umsetzen müssen. Jakob Wührer untersucht daher exemplarisch die Auswirkungen der europarechtlichen Datenschutz-Grundverordnung (DSGVO).

Der letzte Themenblock der Tagung und dieses Bandes behandelt die Schnittstelle zur Zivilgesellschaft. Wolfhart Beck geht der Entwicklung der Archivpädagogik und damit der Frage nach, wie Archive und Archivgut an Kinder und Jugendliche vermittelt werden können. Kai Wambach skizziert, wie die Archive durch die sogenannten Wiedergutmachungsakten zu Orten werden können, an denen sich die deutsche Gesellschaft über ihre eigene Geschichte verständigt. Katharina Tiemann berichtet über die Recherchen der Archive für die ehemaligen Heimkinder und auch hier geht es letztlich um die Schnittstelle zwischen Archiv und Gesellschaft.

Die Herausgeber danken allen Autorinnen und Autoren herzlich für ihre treffenden Beiträge zu den verschiedenen Schnittstellen zwischen Archiv und Gesellschaft. Dem Generallandesarchiv Karlsruhe, namentlich seinem Leiter Professor Dr. Wolfgang Zimmermann, gilt unser Dank für die Organisation der Tagung vor Ort. Ebenso danken wir Lydia Christine Michel für die redaktionelle Durchsicht und die umsichtige Betreuung bei der Fertigstellung des Bandes. Nicht zuletzt danken wir Dr. Clemens Rehm für die vielen Impulse, die er uns als Kollege, Leiter der Abteilung „Archivischer Grundsatz" und Stellvertretender Präsident für die weitere Arbeit im Landesarchiv mitgegeben hat.

Die Dokumentationsstelle Rechtsextremismus im Landesarchiv Baden-Württemberg. Vom parlamentarischen Auftrag zur archivischen Ausgestaltung

Von Wolfgang Zimmermann

Die Themenstellung des vorliegenden Tagungsbandes führt in das Zentrum einer Strategiedebatte, die in den letzten drei Jahrzehnten die archivische Fachwelt bewegt hat. Auf dem 64. Deutschen Archivtag in Augsburg diskutierten im Jahr 1993 die Kolleginnen und Kollegen in zwei Arbeitssitzungen über den *Auswertungsauftrag der Archive*. In seinem programmatischen Einleitungsvortrag plädierte Wilfried Schöntag für eine Aufgabenkritik, die eine Konzentration der staatlichen Archivverwaltungen auf *Kernaufgaben* zum Ziel haben sollte.[1] Gerade der archivische *Ausstellungs- und Bildungsbereich* wurde von dem Autor kritisch hinterfragt, und mit einer Differenzierung der archivischen Handlungsfelder in *Kern- und Sonderaufgaben* wurden deutliche Priorisierungen vorgenommen. Der *Auswertungsauftrag* der Archive, also das Engagement in der historischen Forschung, verbunden mit einer spezifischen Form der Öffentlichkeits- und Vermittlungsarbeit, stand aus der Sicht des Referenten *nicht mehr mit den derzeitigen Vorstellungen von Funktionalität und Arbeitsteilung in der Gesellschaft in Übereinklang*.[2]

Eine Gegenposition nahm Clemens Rehm auf einer Fachtagung in Stuttgart im Februar 1997 ein.[3] Unter dem – ebenfalls programmatischen – Titel *Spielwiese oder Pflichtaufgabe? Archivische Öffentlichkeitsarbeit als Fachaufgabe* stellte er den Öffentlichkeitsbezug archivarischer Tätigkeit in verschiedenen Handlungsfeldern als konstitutiv für das eigene Selbstverständnis in das Zentrum. Er rekurrierte dabei auf einen Begriff der Öffentlichkeit, wie ihn der Philosoph und Soziologe Jürgen Habermas bereits 1962 in seinem grundlegenden Werk *Strukturwandel der Öffentlichkeit. Untersuchungen zu einer Kategorie der bürgerlichen Gesellschaft* entwickelt hatte und wie er 1969 auf dem Deutschen Archivtag in Kiel durch Hans Booms aufgegriffen worden war.[4] Booms forderte, dass sich Archive nicht mehr nur als Quellenreservoir für die historische Forschung sehen sollten, sondern ihre Arbeit als konstitutiven Bestandteil einer offenen Gesellschaft zu verstehen hätten. Die *egalitäre Teilhabe am archivischen Informationsspeicher* wurde als gesell-

---

[1] Tagungsdokumentation von Wilfried *Schöntag*: Der Auswertungsauftrag an die Archive. Fragen aus staatlicher Sicht. In: Der Archivar 47 (1994) Sp. 31–39.
[2] Ebd., S. 37.
[3] Frühjahrstagung der Fachgruppe 8 des VDA, 13. Februar 1997 in Stuttgart-Hohenheim, abgedruckt in: Der Archivar 51 (1998) Sp. 205–218.
[4] Hans *Booms*: Öffentlichkeitsarbeit der Archive. Voraussetzungen und Möglichkeiten. in: Der Archivar 23 (1970) S. 17–31.

schaftspolitische Aufgabe eines zeitgemäßen Archivwesens formuliert, in einer Zeit, so Hans Booms, *wo uns inzwischen aufgegeben ist, mehr Demokratie als bisher zu verwirklichen*[5] – der Historiker hört die Reminiszenz an die erste Regierungserklärung von Willy Brandt aus dem Oktober 1969 deutlich heraus. Booms Beitrag versteht sich als starkes Plädoyer gegen die *korrumpierende Selbstverleugnung* von Archivarinnen und Archivaren, die sich als selbstlose *Lieferanten* für die Geschichtswissenschaft verstanden. Diesem Selbstbild stellte er das Archiv als *wissenschaftlich-historische Dokumentationsstelle [...] und [...] historisch-politische Informationsstelle für jedermann* entgegen.[6]

Folgt man dieser Argumentation, so ist festzuhalten: Archive sind konstitutiver Teil einer demokratisch begründeten, offenen Wissensgesellschaft. Sie haben immer wieder neu ihre Position an den Schnittstellen zu Politik, Rechtsstaat und Zivilgesellschaft auszuloten und zu verhandeln. Dies ist keine Spielwiese von Archivarinnen und Archivaren, die sich nicht ausgelastet fühlen, sondern eine gesellschaftspolitische Notwendigkeit.

Mit dieser These ist zugleich der Ort markiert, an dem sich die neue Dokumentationsstelle Rechtsextremismus verortet. Sie wurde im Frühjahr 2020 im Generallandesarchiv Karlsruhe, einer Abteilung des Landesarchivs Baden-Württemberg, eingerichtet. Den Ausgangspunkt für die Schaffung dieser neuen Einrichtung bildeten die Ergebnisse einer Enquete-Kommission und von zwei Untersuchungsausschüssen des Landtags von Baden-Württemberg in der 15. und 16. Wahlperiode. Der Schlussbericht mit einer umfangreichen Liste von Handlungsempfehlungen wurde mit den Stimmen von Bündnis 90/Die Grünen, der CDU, der SPD und der FDP durch den Landtag angenommen.[7] Eine der Empfehlungen war die Gründung eines *Instituts für (Rechts-) Extremismusforschung* als *Anlaufstelle für die Erforschung und Dokumentation rechtsextremistischer Strukturen [...]. Aufgabe wäre ebenfalls die Sammlung, Auswertung und Zurverfügungsstellung von Materialien und Wissen zum Thema Rechtsextremismus.*[8]

Die Landesregierung setzte diese Handlungsempfehlung um, indem sie Forschung und Dokumentation in zwei Bereiche trennte: das Generallandesarchiv in Karlsruhe erhielt 2020 den Auftrag, die *Dokumentationsstelle Rechtsextremismus* aufzubauen. Das universitäre Institut zur Erforschung des Rechtsextremismus wurde nach einem Wettbewerb unter den Universitäten des Landes 2023 Tübingen übertragen. Die Karlsruher Dokumentationsstelle Rechtsextremismus (DokRex) und das Tübinger Institut für Rechtsextremismusforschung (IRex) werden auf Grundlage einer Kooperationsvereinbarung eng zusammenarbeiten. Der Aufbau der Dokumentationsstelle startete im Frühjahr 2020. Mit der Tagung *Rechtsextremismus in der Bundesrepublik Deutschland*[9] trat die Dokumentationsstelle Rechtsextremismus im Januar 2021 erstmals an die Fachöffentlichkeit. Zuvor waren in einem Expertenhearing im November 2020 Konzeption und

---

[5] Ebd., S. 22
[6] Ebd., S. 19.
[7] Landtagsdrucksache 16/5250, Bd. 1, S. 1063, Nr. 25.
[8] Ebd.
[9] Tagungsdokumentation: Rechtsextremismusforschung in der Bundesrepublik Deutschland. Hg. von Wolfgang *Zimmermann*. Stuttgart 2022.

finanzielle Ausstattung der jungen Einrichtung diskutiert worden. Mit dem Staatshaushaltsplan für die Jahre 2022/23 wurde die DokRex, die zuvor über Projektmittel finanziert worden war, in einer ersten Ausbaustufe dauerhaft abgesichert.

Die Quellengrundlage für die Arbeit der DokRex bildet die umfangreiche Sammlung des renommierten, mit zahlreichen Preisen ausgezeichneten Journalisten Anton Maegerle, der nach massiven Drohungen gegen seine Person ausschließlich unter diesem Pseudonym publiziert. Er hat seit den frühen 1980er Jahren systematisch eine Sammlung zum Rechtsextremismus in Deutschland (und darüber hinaus) angelegt. Mit rund 2500 Ordnern, einer Datenbank mit mehr als 2 Millionen Einträgen sowie einem großen Bestand an Periodika und Einzelschriften aus dem Bereich der extremen Rechten gilt die Sammlung als eine der größten ihrer Art in Deutschland. Maegerle übertrug sie als Schenkung an das Generallandesarchiv Karlsruhe. Mit der Schenkung an ein öffentliches Archiv war zugleich ein Perspektivwechsel verbunden. Die Materialsammlung ist künftig nicht mehr das (interne) Arbeitsinstrument eines Journalisten, sondern wird zum (gesellschaftlichen) Informationspool, der nach den Regeln des Landesarchivgesetzes grundsätzlich allen offensteht – natürlich unter Beachtung der entsprechenden Schutz- und Sperrfristen von Archivgut.

Die Materialsammlung von Anton Maegerle wurde in der DokRex nicht *historisiert*, also als ein in sich abgeschlossener Bestand in Form eines Vorlasses behandelt. Vielmehr bekam die Dokumentationsstelle den Auftrag, die Recherchetätigkeit fortzusetzen. Der Arbeit liegt ein weites Verständnis von *rechtsextrem* zugrunde. Es orientiert sich an den Begrifflichkeiten und Bedürfnissen von Forschung und Bildungsarbeit. Die Dokumentationsstelle Rechtsextremismus agiert also nicht in den fest definierten Kategorien des *Rechtsextremistischen*, wie sie für Staats- und Verfassungsschutz vorgegeben und rechtlich fixiert sind sowie auch immer wieder gerichtlich überprüft werden.

Im Fokus der Arbeit der DokRex stehen Einzelpersonen, Publikationen, Organisationen und Parteien sowie der offene Bereich der sozialen Netzwerke und entsprechender Plattformen im Internet.[10] Der inhaltliche Dokumentationsbereich bewegt sich vom rechtskonservativen hin bis ins rechtsextreme, neonazistische oder gar rechtsterroristische Spektrum. Dabei ist es entscheidend, nicht nur die im engeren Sinn rechtsextremen Akteure in den Blick zu nehmen, sondern auch den breiten *Erosionsbereich* hin zum Rechtsextremismus, politikwissenschaftlich als *Scharnierfunktion* (Wolfgang Gessenharter), *Brückenspektrum* (Armin Pfahl-Traughber) oder *Grauzone* (Klaus Schönkäs) eingeordnet, zu analysieren. In deren Mittelpunkt steht die *Neue Rechte* aus dem Umfeld der *Konservativen Revolution* in der Tradition entsprechender Akteure in der Weimarer Republik. Ziel dieser akademisch-intellektuellen Ausprägung antidemokratischen Denkens ist, rechtsextreme Ideologieelemente in den demokratischen Diskurs hereinzutragen, um langfristig eine kulturelle Hegemonie zu erreichen. Zum ideologischen Pool dieser *Neuen Rechten* gehören Elemente wie ein Freund-Feind-Politikverständnis, die Annahme der natür-

---

[10] Die folgenden Ausführungen beruhen auf einem ausführlichen Fachkonzept der Dokumentationsstelle Rechtsextremismus, an dem Clemens Rehm intensiv mitgearbeitet hat. Ihm sei an dieser Stelle nochmals herzlich dafür gedankt.

lichen Ungleichheit der Menschen, Eintreten für Ethnopluralismus und der Kampf gegen vermeintlichen Multikulturalismus. Ein Merkmal kann auch Antisemitismus, insbesondere in Form von sogenannter Israelkritik sein.

Rechtsextremismus wird als *Sammelbegriff für verschiedenartige gesellschaftliche Erscheinungsformen, die als rechtsgerichtet, undemokratisch und inhuman gelten*[11] verstanden. Dazu zählen etwa die Agitation gegen das politische System der Bundesrepublik Deutschland und dessen Repräsentanten (Stichwort: Delegitimierung des Systems). Den Rahmen der freiheitlichen demokratischen Grundordnung verlässt derjenige, der Parlamentarismus und das demokratische politische System verächtlich macht. Verstöße von Rechtsaußen gegen die Menschenwürde und gegen das Demokratieprinzip, ausgeübt von Personen oder Parteien, wertet die DokRex ebenso als rechtsextrem.

Für die Dokumentationsstelle ist dieser erweiterte Begriff von Rechtsextremismus notwendig, weil nur so diejenigen gesellschaftlichen Felder ausgeleuchtet werden können, in denen rechte Akteure agitieren und entsprechende Netzwerke entstehen, in denen niedrigschwellig rechtsextreme und demokratiefeindliche Einstellungen verbreitet werden. Rechtsextremismus ist kein Nischenthema, sondern Indikator und gesellschaftlicher Resonanzraum für völkische, rassistische, antidemokratische und antiwestliche Haltungen auch Nicht-Radikaler.

Gerade die Dokumentation dieser Aktionsräume (Bildungszentren, rechtskonservative Foren mit Scharnierfunktion zur extremen Rechten, Verlage, Konzerte u. a.), die vielfach – auch ganz bewusst – ohne klare Abgrenzung zum Extremismus rechtem Gedankengut und rechten Einstellungen einen Boden bereiten, ermöglicht das frühzeitige Erkennen von antidemokratischen Prozessen. Die damit verbundenen „grenzwertigen" Phänomene (z. B. Querdenker, antizionistische Israelkritik) sind daher wesentlicher Teil des Dokumentationsspektrums. Eine solche Betrachtungsweise der fließenden Übergänge von rechtspopulistischen hin zu radikaleren Einstellungen spiegelt sich übrigens auch in den Biografien der Akteure.

Für die Arbeit der DokRex sind drei Handlungsfelder konstitutiv, die in den Schlagworten *dokumentieren – analysieren – sensibilisieren* prägnant zusammengefasst sind.

dokumentieren: Die DokRex wertet zeitnah und umfassend analoge und digitale Quellen aus. Dafür sind rechte Veröffentlichungen ebenso zu berücksichtigen wie Unterlagen, die von Organisationen und Gruppen stammen, die sich „gegen rechts" engagieren, oder die Sichten der Opfer bzw. Opfergruppen widerspiegeln. Derzeit wächst der Quellenbestand wöchentlich um rund 300 Datensätze.

Dokumentation und Monitoring umfassen den Erwerb von Printpublikationen, Periodika einschließlich grauer Literatur aus dem Bereich der extremen Rechten, eine systematische Internetrecherche, die Beobachtung der sozialen Netzwerke, die Sammlung audiovisuellen Materials sowie den Aufbau einer Forschungsbibliothek. Die Dokumentationsstelle ist Sicherungsort für

---

[11] Vgl. Richard *Stöss*: Rechtsextremismus im Wandel. Friedrich-Ebert-Stiftung. Berlin 2007 (vgl. Bundeszentrale für politische Bildung, 2008: https://www.bpb.de/themen/rechtsextremismus/dossier-rechtsextremismus/41312/wann-spricht-man-von-rechtsextremismus-rechtsradikalismus-oder-neonazismus/).

einschlägige Nachlässe, die sie aktiv einwirbt. In ihrem Dokumentationsprofil berücksichtigte sie die Aktivitäten der freien Archivszene.

analysieren: Die DokRex bleibt nicht bei der reinen Sammlung von Materialien stehen. Sie analysiert die aktuellen Entwicklungen. Durch den großen Quellenfundus ist es ihr möglich, aktuelle politische Phänomene in größere zeitliche Kontexte einzuordnen. Der reiche Fundus an Informationen zu einzelnen Personen ermöglicht umfassende Netzwerkanalysen.

teilen und *sensibilisieren*: Die DokRex teilt ihr Wissen. Sie versteht ihren Quellenfundus als einen offenen Wissensspeicher, den sie mit der interessierten Öffentlichkeit teilt. Sie bringt ihre Expertise in Kooperationsprojekte mit anderen Partnern ein. Mit einer aktiven Öffentlichkeitsarbeit vermittelt sie ihre Rechercheergebnisse in die breitere Öffentlichkeit. Zentrales Publikationsmedium der DokRex ist das Journal RECHTS.GESCHEHEN, das jährlich in vier Ausgaben erscheint.[12] Die einzelnen Hefte enthalten neben einer umfassenden *Chronik* der Ereignisse des letzten Quartals wechselnde Themenschwerpunkte mit Reportagen, Analysen, Porträts und Buchbesprechungen. Zunächst auf den deutschen Sprachraum fokussiert, berücksichtigt das Journal zunehmend auch internationale Entwicklungen.

Auf die leitenden Schlagworte des vorliegenden Tagungsbandes *vertrauen – vermitteln – vernetzen* bezogen, lässt sich die Tätigkeit der DokRex folgendermaßen zusammenfassen:

vertrauen: Der Aufbau, die Sicherung und das Management von großen Wissensbeständen sind archivische Kernkompetenzen, die die DokRex als vertrauenswürdige Partnerin von Politik und Zivilgesellschaft ausweisen. Zugänglichkeit ist ein konstitutiver Bestandteil archivarischen Tuns. Politisches Neutralitätsgebot mit klarem demokratischen Wertekanon gewährleisten die parteipolitische Unabhängigkeit.

vermitteln: Die DokRex kann auf die Kompetenzen des Generallandesarchivs im Bereich der historisch-politischen Bildungsarbeit zurückgreifen. Mit ihren Angeboten erweitert sie den Kreis der traditionellen Zielgruppen archivischer Angebote. Zugleich erprobt sie neue Formate der Vermittlung.

vernetzen: Als Einrichtung zwischen den etablierten Akteuren im Bereich der Rechtsextremismusforschung kann die DokRex eine Brückenfunktion einnehmen zwischen den Einrichtungen der *Sicherheitsarchitektur*, den politischen Entscheidungsträgern und Gruppen der Zivilgesellschaft.

Sicher ist die DokRex ein Sonderbereich im Tableau archivischer Tätigkeiten, die jedoch Schnittstellen zur traditionellen Handlungsfeldern aufweist. Die eingangs diskutierte Positionierung von Archiven im gesellschaftlichen Framing lässt sich abschließend folgendermaßen umschreiben: Archive sind Sachwalter gegen das Vergessen. Sie beteiligen sich am Diskurs der Gegenwart über Vergangenes. Damit beziehen sie klare Standpunkte in der Formulierung der Narrative des Erinnerns. Dadurch werden Archive nicht zu politischen Einrichtungen, aber sie werden hör- und sichtbar im öffentlichen Diskurs – auch oder gerade, weil die Deutung von Geschichte (wieder) Teil politischer und gesellschaftlicher Deutungskämpfe geworden ist.

---

12 Vgl. https://www.landesarchiv-bw.de/de/themen/-dokumentationsstelle-rechtsextremismus/73098.

Politik & Protest – Bewegungen zwischen Kurzlebigkeit und Langzeitarchivierung

Von Cornelia Wenzel

In diesem Beitrag thematisiere ich einige Aspekte des Verhältnisses von Politik, Protest und Bewegungen, die ich vor dem Hintergrund meiner inzwischen fast 40jährigen Tätigkeit in Freien Archiven für bemerkenswert halte und die im Fokus der Überlieferungsbildung dort von Bedeutung sind. Mein erstes Augenmerk geht auf den politischen Impetus von Archivgründungen, mein zweites darauf, was dort wie und warum gesammelt wird. Und letztlich muss es drittens natürlich auch um die Finanzierung gehen, sprich um das illustre Verhältnis zwischen *der Politik* als Förderinstitution und dem bunten Haufen derer, deren notwendiger, aber nur bedingt kompatibler Überlieferungsbeitrag irgendwie abgesichert werden soll und muss.

Vorab ein paar Bemerkungen zu den Begrifflichkeiten: Es geht um das Bewahren von Bewegungen, also um das Festhalten von etwas, dessen Bestreben gerade nichts Statisches, sondern die Veränderung ist. *Das Objekt hält nicht still* – so hat ein Kollege einmal diesen Prozess treffend bezeichnet.

Andererseits sind Bewegungen aber dann doch meist gar nicht so flüchtig wie es scheint. Die Frauen- und die Friedensbewegung etwa haben ihre Wurzeln im 19. Jahrhundert und auch die Sorge um Natur und Gesundheit hat nicht erst mit der Anti-AKW-Bewegung in den 1970er Jahren begonnen. Dass wir dennoch immer den Eindruck des Flüchtigen und Vergänglichen haben, liegt daran, dass Bewegungen ihre Konjunkturen haben. Auf heftige Sturm- und Drangzeiten folgen Flauten, in denen sie für tot erklärt werden, bevor sie plötzlich mit neuem Schwung wieder da sind. Dabei bleibt sich nichts gleich, alles ist Entwicklungen und Veränderungen unterworfen, es wird engagiert gespalten und sich abgegrenzt, andernorts neu oder auch wieder zusammengeschlossen, es werden Untergruppen und Nebenzweige gebildet. Das macht die Sache nicht einfacher.

Natürlich war – um ein Beispiel zu nennen – die Frauenbewegung 1908 etwas ganz anderes als die von 1975 oder 1990. Und selbst 1908 gab es schon die bürgerliche, die proletarische und die konfessionellen. Aber irgendwie war und ist denn doch alles Frauenbewegung.

Ich erwähne das, weil ich den Begriff der Kurzlebigkeit, die ich im Gegensatz zur Langzeitarchivierung gesetzt habe, begrifflicher machen möchte. Die Schwierigkeit besteht darin, dass Bewegungen nicht von Institutionen begleitet werden, die unabhängig von ihren Konjunkturen bestehen und so über die Wellenbewegungen der Geschichte hinweg eine Konstante bilden könnten. So wie etwa die Feuerwehr ja immer da ist, auch wenn sie gerade nicht gebraucht wird. Diese Aufgabe, das Konstante ins Bewegte zu bringen, versuchen die Freien Archive zu übernehmen. Wenn Bewegungen auf Talfahrt sind, gehen damit oft auch die Dokumente unter. Spätestens dann (wenn es gut geht, schon früher) kommen die Freien Archive als Rettungsboote ins Spiel, der Begriff Auffangarchiv ist hier ganz wörtlich zu nehmen.

Aus jeder Bewegung heraus entstehen früher oder später Archive. Es scheint in allen Bewegungen immer Menschen zu geben, die das *Archivierungsgen* haben, also einen ausgeprägten Sammeltrieb mit dem Bewusstsein verbinden, dass das, was da gerade geschieht, der Nachwelt überliefert werden sollte. Das sind dann die Überzeugungstäter*innen, die alles horten, was sie in die Finger kriegen.

Das ist eines, was ich hier heute hervorheben möchte: die Gründung Freier Archive ist ein politischer Akt. Diese Archive stehen in direktem Zusammenhang mit Selbstorganisation und Geschichte von unten. Ein Slogan wie *Unsere Geschichte gehört uns* ist Ausdruck des Misstrauens gegenüber der etablierten Archivpolitik und Geschichtsschreibung einerseits und ein Statement der Selbstermächtigung andererseits. Es ging und geht nicht – zumindest nicht nur – um das, was wir heute als zivilgesellschaftliches Engagement bezeichnen, es geht um bewusstes, politisch verstandenes Eingreifen ins Geschehen.

Politisches Selbstverständnis gehört also zur DNA Freier Archive, ohne diesen Anspruch gäbe es sie nicht. In diesem Sinne hängen Protest und Politik sehr eng zusammen und – damit komme ich zum zweiten Aspekt meiner Betrachtungen – das äußert sich auch darin, wie dort gearbeitet wird.

Wenn Freie Archive um staatliche Unterstützung nachsuchen, kommt gerne mal die Replik: Ja, ja, den Staat kritisieren, aber Geld von ihm haben wollen. Abgesehen davon, dass demokratisch verfasste Staaten kritische Begleitung durchaus ertragen können müssen, handelt es sich hier um ein Phänomen, das im Archivwesen nur bei den Freien Archiven auftritt: sie werden gerne mit ihren Inhalten identifiziert. Das trifft andere so nicht. Es käme ja niemand auf die Idee, dem Landesarchiv Baden-Württemberg rechtsradikale Tendenzen vorzuwerfen, weil es eine Dokumentationsstelle zum Rechtsradikalismus betreibt. Archive sind im archivfachlichen Sinne für ihre Bestände verantwortlich, dass ihre Mitarbeiterinnen und Mitarbeiter aber mit deren Inhalten gleichgesetzt werden, erscheint doch ziemlich absurd. Bei den Freien Archiven hingegen wird es als naheliegend angesehen. Und da stellt sich die Frage, wie das kommt und ob es denn tatsächlich so weit hergeholt ist.

Die Archive entstehen aus den Bewegungen heraus. Ich habe eben selbst von Überzeugungstäter*innen gesprochen; das Wort sagt ja eigentlich schon alles. Allerdings gibt es viele Freie Archive und die sind nicht alle gleich. Das Gorleben-Archiv etwa wurde von Menschen aus dem Widerstand im Wendland gegründet. Dort liegen die Unterlagen aus den jahrzehntelangen Kämpfen gegen die Wiederaufbereitungsanlage, die Castortransporte und das ganze Drumherum. Hier können wir wohl ohne weiteres davon ausgehen, dass die Überzeugungen der Aktiven und der Archivierenden deckungsgleich sind. Doch die meisten Freien Archive sind sehr viel breiter ausgerichtet. Und schon wird es kniffliger.

Um die Gemengelage zu verdeutlichen, greife ich ein Thema aus den feministischen Archiven auf. Ich zitiere Barbara Limberg vom Bundesarchiv: Für die Übernahme, Erschließung und Nutzbarmachung von Archivgut *bedarf es Kriterien, die ‚neutral' sind, unabhängig vom persönlichen bzw. wissenschaftlichen Interesse, den Wertvorstellungen oder politischen Ansichten der Archivarinnen und Archivare. Weder die Überlieferungsbildung noch die Erschließung oder die Auswahl der Digitalisate* dürfen manipulativ in die eine oder andere Richtung wirken.[1] Das leuchtet erst einmal ein. Wie verträgt sich das aber mit feministischen Ansprüchen? Denn – ein Zitat der feministischen Kolleginnen aus Österreich – Frauenarchive sind angetreten, um *die Geschlechterrealität im Informations- und Dokumentationsbereich zu verändern.*[2] Das klingt nicht neutral, im Gegenteil. Es ist als politische Ansage gemeint. Das zeigt sich auch, wenn dort von Erschließungs*politiken* und Archivierungs*politiken* die Rede ist. Konkret bedeutet das dann zum Beispiel, gezielt darauf hinzuarbeiten, mehr Quellen zu weiblichem Leben in die Archive zu bringen und mehr dort verborgene sichtbar zu machen. 2006 waren, laut einer Untersuchung von Dagmar Jank, in der *Zentralen Datenbank Nachlässe* des Bundesarchivs 8% Nachlässe von Frauen ausgewiesen,[3] in unseren Nachbarländern sah es ganz ähnlich aus.[4] Die Definition *Bedeutende Persönlichkeit = überlieferungsrelevant* ist in der Regel patriarchalisch konnotiert, das wirkt sich sowohl bei der Übernahme von Nachlässen als auch bei den Erschließungsprioritäten aus. *Damit setzt sich die strukturelle gesellschaftliche Benachteiligung direkt fort bis in die Archivkartons*[5], so das Resümee. Das vernachlässigt im Übrigen nicht nur Frauen, sondern impliziert insgesamt eine Ausrichtung auf Helden und Anführer, eben die *Großen der Geschichte.*

Die Kritik daran ist inzwischen zur Mehrheitsmeinung geworden. Im Schwerpunktheft der Zeitschrift Archivar vom Mai 2022 zum Thema *Frauen im Archiv* werden derlei Defizite einhellig von Archivarinnen aller Sparten benannt und es wird Abhilfe verlangt in Form anderer Ansätze bei Bestandsbildung, Erschließung, Digitalisierung. Es scheint, dass die nun schon etwa 50 Jahre währende parteiliche Einflussnahme durch Frauenarchive die erwünschten Veränderungen angestoßen und salonfähig gemacht hat – eine Vorreiterinnenfunktion für anstehende Reformen unter Hintanstellung des Dogmas der Neutralität, könnte man sagen.

Ähnliches betrifft andere Themenfelder. Auch Alltagsgeschichte ist schon länger ein Thema und hat ihre Auswirkungen auf die Gestaltung der Quellenlage in vielen Archiven, auch das mit freundlicher Unterstützung von Geschichtswerkstätten und Freien Archiven. Es geht bei uns eben – um einmal die im Positionspapier des *Verbandes deutscher Archivarinnen und Archivare*

---

[1] Barbara *Limberg*: Enthält u. a.: „Frauen". In: Archivar 75/2 (2022) S. 163.

[2] Lizzi *Kramberger*: Vorhandene Macht- und Herrschaftsverhältnisse verändern. In: Mitteilungen der Vereinigung österreichischer Bibliothekarinnen und Bibliothekare, 75/1 (2022) S. 48.

[3] Zitiert nach Li *Gerhalter*: „Die Wienerinnen laufen bei hellichtem Tage in Hosen herum". Ein intersektionaler Blick in die Bestände von Selbstzeugnissammlungen. In: Mitteilungen der Vereinigung österreichischer Bibliothekarinnen und Bibliothekare, 75/1 (2022) S. 145–166.

[4] Vergleichbare Verzeichnisse in Österreich wiesen 11% (*Gerhalter* 2021), in Bulgarien 12,9% (*Piskova* 2009), in Island 10–20% (*Bogadottir* 2013) aus. Vgl. Li *Gerhalter*, wie Anm. 3.

[5] Li *Gerhalter*, wie Anm. 3, S. 151.

2016 verwendete Formel zu nennen – um Protest-, Freiheits- und Emanzipationsbewegungen. Das impliziert ein gewisses Faible für die Underdogs, die Unangepassten, die Infragesteller*innen und ihre Interessen und es wirkt sich darauf aus, was archiviert und wie es erschlossen wird. Es gibt hier also durchaus einen Spagat zwischen Parteilichkeit und archivarischer Neutralität.

Aber: Vor Auswüchsen der Parteilichkeit schützt das Sammelprofil. Es bietet letztlich auch in Freien Archiven die Gewähr, das Engagement mit definierten, nachlesbaren Kriterien in kanalisierte Bahnen zu lenken. Aber politische Entscheidungen bleiben Bewertung, Erschließungstiefe und Verschlagwortung allemal. Um einmal aus gänzlich anderem Zusammenhang Sarah Kirsch zu zitieren: *Das Leben ist eben politisch, und man kann sich dem gar nicht mehr verschließen. Man wird ja dauernd mit irgendwelchen Problemen konfrontiert.*[6]

Zum dritten und letzten Punkt:
Es ist natürlich nicht möglich über Freie Archive und ihre Überlieferungen zu reden, ohne über Geld zu sprechen. Also über *die Politik* in ihrer Funktion als Finanzierungsinstitution gegenüber denjenigen, die *den Protest* für die Geschichtsschreibung bewahren. Ich habe aber beschlossen, uns im Großen und Ganzen dieses Klagelied heute zu ersparen. Ich werde jetzt nicht über die gänzlich ungesicherte Finanzierung Freier Archive und die mangelhafte Absicherung der Überlieferung sozialer Bewegungen sprechen. Die Situation ist nach wie vor prekär, aber das ist den meisten hier sowieso bekannt. Viele der Anwesenden, auch Clemens Rehm, um den es ja heute geht, aber auch viele andere hier arbeiten engagiert daran mit, diese Situation zu verändern. Also setze ich das alles jetzt einfach mal als bekannt voraus.

Ich möchte stattdessen einen Aspekt beleuchten, der – neben dem fehlenden politischen Willen, für derlei Dinge überhaupt Geld bereit zu stellen – mit dazu beiträgt, die Lage zu verkomplizieren. Im Archivwesen spiegeln ja schon die Statusstufen die Struktur: vom Archivinspektor über die Oberarchivamtsrätin und den Archivoberrat bis zur Leitenden Archivdirektorin – das geht von unten nach oben und ist alles klar abgegrenzt und en Detail definiert und festgelegt: wer ist was, wer macht was, wer wird warum wie bezahlt?

In Freien Archiven hingegen geht es im Allgemeinen eher zu wie in einem kleinen Zirkus: die Artistin, die während der Vorstellung durch die Manege fliegt, hat vorher am Eingang die Karten abgerissen und verkauft in der Pause die Getränke. Wer die dressierten Ponys vorführt, sorgt auch für deren Verpflegung und macht den Stall sauber. Auf unsere Archive bezogen heißt das: so etwas wie Magaziner, Telefonistin, Sekretärin, Reinigungsfachkraft oder auch Präsident ist dort weitgehend unbekannt. Und das eben nicht – zumindest nicht nur –, weil kein Geld dafür da ist, sondern weil diese Art der Arbeitsteilung und Hierarchisierung erst einmal niemandem in den Sinn kommt. In der Regel finden sich mehrere Menschen zusammen, die den Laden gemeinsam schmeißen. Das spricht keineswegs gegen professionelles Arbeiten, denn natürlich ist es sinnvoll, wenn zum Beispiel die Buchführung eine macht, die was davon versteht. Und es ist auch zweifellos von Vorteil, sich archivfachliche Kenntnisse anzueignen. Aber die Herangehensweise ist

---

[6] Zitiert nach Moritz *Kirsch*: Vom Glück, einen Dachboden zu haben. In: Sarah *Kirsch*: Freie Verse. München 2020. S. 117.

einfach eine komplett andere, weil dahinter andere Vorstellungen von Lebens- und Arbeitsformen liegen. Es geht um das Infragestellen von formalen Hierarchien, darum wie die Arbeit organisiert, geteilt und bewertet wird. In der Regel gelten nicht Karriereaussichten oder Verbeamtung als erstrebenswert, sondern die Chance auf nichtentfremdetes, selbstbestimmtes Arbeiten.

Das sind große Worte – deshalb ein paar Beispiele, um zu zeigen, was das im Alltag bedeuten kann: Ich war 1983 an der Gründung des Archivs der deutschen Frauenbewegung (AddF) beteiligt und habe dort 36 Jahre meines Berufslebens verbracht. Wir haben das AddF immer als – damals 5-köpfiges – Team geleitet, in dem jede ihren Schwerpunkt und ihre Zuständigkeiten hatte, aber es gab keine Chefin. Ich weiß nicht mehr, wie oft ich gefragt worden bin, ob das funktioniert. Ja, tut es, soweit ich weiß bis heute immer noch. Was natürlich nicht heißt, dass es immer einfach wäre und dass es keine Konflikte gäbe. Aber die gibt es überall, nur eben andere.

Ein größerer Schmerzpunkt sind Förderanträge. Ich habe gefühlt hunderte von Projektanträgen geschrieben, häufig durchaus erfolgreich. Dabei bin ich regelmäßig an den Punkt gekommen, an dem ich dachte: Ich schmeiß das jetzt alles hin und geh Lotto spielen. Wenn ich den Jackpot gewinne, können wir endlich mal einfach das machen, was wirklich nötig ist. Keine kunstvollen Verbiegungen mehr, um ins bürokratische Schema zu passen, einfach loslegen ohne Reibungsverluste.

Welcher Handgriff, welche Denkanstrengung gehört in welche TVÖD-Einstufung (und warum)? Das Archiv für alternatives Schrifttum, dem ich als Vorstandsmitglied verbunden bin, hat vor einigen Jahren auf Wunsch des zuständigen Ministeriums ein Betriebs- und Organisationskonzept erarbeitet, das als Grundlage für die anvisierte institutionelle Förderung dienen sollte (die es, nebenbei gesagt, noch immer nicht gibt). Da wurde das Dilemma an jeder Tätigkeitsbeschreibung und an jeder Eingruppierung spürbar.

In den längst vergangenen Zeiten, als die damals noch Arbeitsamt genannte Institution großzügig Arbeitsbeschaffungsmaßnahmen verteilte, gab es bei einer bestimmten Anzahl von Stellen automatisch eine Schreibkraft dazu. Das hat uns einigermaßen ratlos gemacht. Es musste dann immer viel improvisiert werden, um trotzdem nach unseren Vorstellungen sinnvoll arbeiten zu können und klappte meist nur dann, wenn die zugewiesene Person (und sie wurde zugewiesen, nicht selbst ausgesucht!) auch anderes konnte und wollte als vorgesehen war.

Das ist lange her und zumindest die größeren Freien Archive sind inzwischen geübt im Umgang mit den Herausforderungen von Verwaltungsvorschriften und Förderrichtlinien. Wir kriegen das hin, keine Frage – aber die Jackpot-Phantasie ist nicht tot, sie ploppt immer wieder auf. Einfach machen, statt verwalten ... das wäre großartig!

Ich will diese Sache nicht glorifizieren. Selbstorganisation mit all ihren Ansprüchen macht viel Arbeit, es geht immer wieder was schief, es ist immens aufwändig, sich regelmäßig abzustimmen, es braucht Einsatz- und Konfliktbereitschaft und viel Kraft, nicht den ausgetretenen Pfad der Dienstwege zu gehen, aber: das alles ist keine Modeerscheinung, es geht tatsächlich um ein anderes Verständnis davon, wie wir leben möchten, um es einmal etwas pathetisch auszudrücken. Solche Verrückten gibt es immer noch und immer wieder und Freie Archive sind ein gedeihliches Biotop dafür. Im Interesse nicht nur des Überlebens dieser Archive, sondern auch zur langfristigen Sicherung der Bestände aus Bewegungen gilt es, dieses Biotop zu bewahren, nicht es auszutrocknen. Man kann aus Freien Archiven keinen öffentlichen Dienst machen, dann funktionieren sie nicht mehr.

In diesem Sinne bleibt zu Politik und Protest deshalb abschließend zu sagen: Um wirklich eine neue Qualität bei der Überlieferung der Neuen Sozialen Bewegungen zu erreichen, braucht es nicht nur Geld. Die lange überfällige politische Entscheidung, diese Archive dauerhaft zu finanzieren, ist nur der erste Schritt. Es braucht zudem auf beiden Seiten viel kreative Energie und Mut zum Ungewöhnlichen. Es braucht eine Menge Frustrationstoleranz und die Bereitschaft unverdrossen immer aufs Neue die Situation produktiv zu gestalten und undogmatische Lösungen zu finden.

Rechtsstaat – Republik – Demokratie.
Zur rechtlichen Dimension öffentlicher Archive

Von Udo Schäfer

Die rechtliche Dimension öffentlicher Archive – Historizität und Aktualität

Die traditionelle Funktion öffentlicher Archive der Prämoderne bestand darin, Rechte zu sichern.[1] Mit der historischen Rechtsfigur des Ius Archivi erkannte die prämoderne Rechtswissenschaft diese Funktion ausdrücklich an. Dabei ist das Ius Archivi im aktiven Sinne – die Kompetenz ein öffentliches Archiv einzurichten und zu unterhalten – dem historischen öffentlichen Recht, das Ius Archivi im passiven Sinne – die Befugnis, schriftlichen Aufzeichnungen durch die Verwahrung in einem öffentlichen Archiv Authentizität zu vermitteln – dem historischen Prozessrecht zuzuordnen.[2] Der Historiker Joseph S. Freedman hat in den Jahren 2021 und 2022 in zwei Aufsätzen eine Literaturgeschichte[3] des Ius Archivi vorgelegt, die mit der Erkenntnis schließt, dass diese Rechtsfigur seit der 2. Hälfte des 18. Jahrhunderts in der juristischen Literatur in Frage gestellt worden sei. Während des 19. Jahrhunderts trat zu dem juristischen Diskurs ein Wandel der institutionellen Kultur hinzu. Die öffentlichen Archive der Moderne begannen, sich als Einrichtungen zu verstehen, deren Zweck es sei, historisches Forschen zu ermöglichen. Für die Forschenden erlangte die Institution des Archivs sogar epistemische Autorität.[4] Die geschichtliche Dimension schob sich vor die rechtliche.

---

[1] Christian *Keitel*: Zwölf Wege ins Archiv. Umrisse einer offenen und praktischen Archivwissenschaft. Stuttgart 2018. S. 28–37.
[2] Udo *Schäfer*: Hatten die Hansestädte im 16. und 17. Jahrhundert individuell das Ius Archivi inne? Zur Edition von Urkunden in einem Prozess zwischen dem Grafen zu Holstein-Pinneberg und der Hansestadt Hamburg vor dem Reichskammergericht. In: Archivalische Zeitschrift 98 (2022) S. 142–151.
[3] Joseph S. *Freedman*: The Origin and Evolution of the ius archivi concept in Early Modern Central Europe. In: Archivalische Zeitschrift 97 (2021) S. 15–52. – Joseph S. *Freedman*: Central European Publications on the Subject Matter of Archives (1664–1804) in the Context of Ius Archivi. In: Archivalische Zeitschrift 98 (2022) S. 101–139.
[4] Philipp *Müller*: Geschichte machen. Historisches Forschen und die Politik der Archive. Göttingen 2019.

Mit dem Inkrafttreten des Gesetzes über die Pflege und Nutzung von Archivgut des Landes Baden-Württemberg[5] zum 1. August 1987 und der auf dieses Gesetz folgenden Archivgesetzgebung in Bund und Ländern gewann die rechtliche Dimension öffentlicher Archive an der Wende vom 20. zum 21. Jahrhundert wieder an Aktualität.[6] Während der Versuch, das Ius Archivi im passiven Sinne in Bezug auf digitale Aufzeichnungen in das moderne Prozessrecht zu übernehmen,[7] Episode blieb, schreitet die Verrechtlichung bei der Erfüllung archivischer Aufgaben immer weiter voran.[8] Der Umstand, dass innerhalb von acht Jahren zwei Deutsche Archivtage[9] ausschließlich zu rechtlichen Themen ausgerichtet worden sind, ist Ausdruck dieser Entwicklung. In seiner Rede zur Eröffnung einer dieser beiden Tagungen – des 81. Deutschen Archivtages 2011 in Bremen – beschwor der Jurist und Journalist Heribert Prantl die Systemrelevanz der Archive.[10] Clemens Rehm hat diesen Gedanken aufgegriffen und seinen Reflexionen über das Archivrecht

---

[5] Gesetz über die Pflege und Nutzung von Archivgut (Landesarchivgesetz – LArchG) vom 27. Juli 1987 in der geänderten Fassung vom 12. März 1990. In: Archivrecht in Baden-Württemberg. Texte, Materialien, Erläuterungen. Bearb. von Hermann *Bannasch* (Werkhefte der staatlichen Archivverwaltung Baden-Württemberg A 1). Stuttgart 1990. S. 17–23.

[6] Clemens *Rehm*. In: Informationszugangsrecht Baden-Württemberg. Handkommentar. Hg. von Alfred G. *Debus*. Baden-Baden 2017. Vorbemerkung zum LArchG, Rdnrn. 3–7.

[7] Udo *Schäfer*: Authentizität. Vom Siegel zur digitalen Signatur. In: Archivierung elektronischer Unterlagen. Hg. von dems. und Nicole *Bickhoff* (Werkhefte der staatlichen Archivverwaltung Baden-Württemberg A 13). Stuttgart 1999. S. 171–181. – Udo *Schäfer*: Authentizität: Elektronische Signaturen oder Ius Archivi? In: Digitales Verwalten – Digitales Archivieren. 8. Tagung des Arbeitskreises *Archivierung von Unterlagen aus digitalen Systemen* am 27. und 28. April 2004 im Staatsarchiv Hamburg. Hg. von Rainer *Hering* und Udo *Schäfer* (Veröffentlichungen aus dem Staatsarchiv der Freien und Hansestadt Hamburg 19). Hamburg 2004. S. 13–31. – Udo *Schäfer*: Authenticity: Electronic Signatures or Trusted Custodian? In: International Council on Archives. Committee on Archival Legal Matters 1996–2004 (Studies 19). July 2006. S. 41–46. – Pauline *Puppel*: Überlegungen zur Archivierung elektronisch signierter Dokumente. Der elektronische Rechtsverkehr in der Fachgerichtsbarkeit von Rheinland-Pfalz (Unsere Archive. Mitteilungen aus den rheinland-pfälzischen und saarländischen Archiven. Beiheft 2). Koblenz 2007. – Pauline *Puppel*: Zur Archivierung elektronisch signierter Dokumente. In: Archivalische Zeitschrift 89 (2007) S. 345–368.

[8] Clemens *Rehm*: Immer mehr Recht im Archiv. Chancen, Grenzen, Perspektiven. In: Archivpflege in Westfalen-Lippe 89 (2018) S. 5–9.

[9] Alles was Recht ist. Archivische Fragen – juristische Antworten. 81. Deutscher Archivtag in Bremen. Redaktion: Heiner *Schmitt* (Tagungsdokumentationen zum Deutschen Archivtag 16). Fulda 2012. – RECHTsicher – Archive und ihr rechtlicher Rahmen. 89. Deutscher Archivtag in Suhl. Redaktion: Thomas *Bardelle* und Christian *Helbich* (Tagungsdokumentation zum Deutschen Archivtag 24). Fulda 2020.

[10] Heribert *Prantl*: Das Gedächtnis der Gesellschaft. Die Systemrelevanz der Archive. Warum Archivare Politiker sind. In: Alles was Recht ist. Archivische Fragen – juristische Antworten. 81. Deutscher Archivtag in Bremen. Redaktion: Heiner *Schmitt* (Tagungsdokumentationen zum Deutschen Archivtag 16). Fulda 2012. S. 18–27.

zu Grunde gelegt.¹¹ Allerdings weist der aus dem Finanz- und dem Energiesektor übernommene Begriff der Systemrelevanz weit über die rechtliche Dimension hinaus. Als Beitrag zur *Schnittstelle Rechtsstaat* werden sich die folgenden Ausführungen auf die Frage beschränken, ob die rechtliche Dimension öffentlicher Archive über die rechtlichen Anforderungen an die Erfüllung archivischer Aufgaben hinaus auch Elemente erfasst, die der Herstellung¹² rechtsstaatlicher Legalität, republikanischer Legitimität oder demokratischer Legitimation zu dienen bestimmt sind.

Öffentliche Archive und rechtsstaatliche Legalität

Zur rechtsstaatlichen Legalität

Der Rechtsstaat ist ein Staatsstrukturprinzip.¹³ Er ist in Artikel 20 Absatz 2 Satz 2 und Absatz 3 GG verankert. Er umfasst den Grundsatz der Gewaltenteilung (Artikel 20 Absatz 2 Satz 2 GG), den Vorrang der Verfassung (Artikel 20 Absatz 3 Halbsatz 1 GG) und des Gesetzes (Artikel 20 Absatz 3 Halbsatz 2 GG) ebenso wie den Vorbehalt des Gesetzes und den Grundsatz der Verhältnismäßigkeit.¹⁴ Darüber hinaus leiten sich aus dem Prinzip des Rechtsstaats auch die Gebote der Rechtssicherheit¹⁵ und des effektiven Rechtsschutzes¹⁶ ab. Für den Rechtsstaat konstitutiv ist

---

11 Clemens *Rehm*: Archivgesetzgebung und Kommunalarchive. Ein aktueller Streifzug. In: Archiv-Nachrichten Niedersachsen. Mitteilungen aus niedersächsischen Archiven 17 (2013) S. 73–83. – Clemens *Rehm*: Geheim! Macht und Ohnmacht der Archive in der demokratischen Gesellschaft. Zur gesetzlichen Absicherung archivischer Funktionen. In: Wissen – Macht – Meinung. Demokratie und Digitalisierung. Die 20. Hannah Arendt Tage 2017. Hg. von Franziska *Martinsen*. Weilerswist 2018. S. 41–58. – Clemens *Rehm*: Nicht nur Archivgesetze … Archivarinnen und Archivare auf schwankendem rechtlichem Boden? Zustand, Ursachen, Perspektiven. In: Nicht nur Archivgesetze … Archivarinnen und Archivare auf schwankendem rechtlichem Boden? Best Practice – Kollisionen – Perspektiven. Beiträge zum 22. Archivwissenschaftlichen Kolloquium der Archivschule Marburg. Hg. von Irmgard Christa *Becker*, Clemens *Rehm* und Udo *Schäfer* (Veröffentlichungen der Archivschule Marburg 66). Marburg 2019. S. 11–39.

12 Vgl. zu dieser Trias Rolf *Gröschner*: Transparente Verwaltung: Konturen eines Informationsverwaltungsrechts. In: Veröffentlichungen der Vereinigung der Deutschen Staatsrechtslehrer 63. Berlin 2004. S. 355–358, mit S. 356, Anm. 46.

13 Helmuth *Schulze-Fielitz*. In: Grundgesetz. Kommentar. Hg. von Horst *Dreier*. Bd. 2. Artikel 20–82. Tübingen ³2015. Art. 20 (Rechtsstaat), Rdnr. 41.

14 Christoph *Degenhart*: Staatsrecht I. Staatsorganisationsrecht. Mit Bezügen zum Europarecht. Heidelberg ³⁶2020. Rdnrn. 292–440, S. 113–165.

15 Helmuth *Schulze-Fielitz*. In: Grundgesetz. Kommentar, Bd. 2, wie Anm. 13, Art. 20 (Rechtsstaat), Rdnrn. 146–148. – Michael *Sachs*. In: Grundgesetz. Kommentar. Hg. von dems. München ⁹2021. Art. 20, Rdnr. 122.

16 Helmuth *Schulze-Fielitz*. In: Grundgesetz. Kommentar, Bd. 2, wie Anm. 13, Art. 20 (Rechtsstaat), Rdnr. 212. – Michael *Sachs*. In: Grundgesetz. Kommentar, wie Anm. 15, Art. 20, Rdnrn. 162, 164.

die Legalität[17] öffentlichen und privaten Handelns. Sie ist auf Grund des positiv gesetzten Rechts zu beurteilen. Die Garantie rechtsstaatlicher Legalität setzt die Anlage, Führung und Verwaltung schriftlicher Aufzeichnungen[18] und deren befristete oder zu bestimmten Lebenssachverhalten sogar dauernde Erhaltung voraus.

Die sachliche Zuständigkeit zur Erhaltung auf Dauer zum primären Zweck

Während sich einzelne Elemente des Rechtsstaats bis in die Antike[19] zurückverfolgen lassen, entwickelte sich dessen Verständnis als Staatsstrukturprinzip erst im 19. und 20. Jahrhundert.[20] Neben verschiedenen Ideen, die sich in der Moderne zum Prinzip des Rechtsstaats verdichteten, entstanden in der Prämoderne auch Instrumente, die die Garantie der Legalität ermöglichten. So dienen die Instrumente der Notariatsurkunde[21] und des Grundbuchs[22] schon seit dem hohen Mittelalter der Rechtssicherheit. Das Landesarchivgesetz Baden-Württemberg[23] bestimmt ebenso wie die Archivgesetze anderer Länder, dass die sachliche Zuständigkeit zur Erhaltung von Aufzeichnungen, die zur Erfüllung des primären Zwecks auf Dauer aufzubewahren sind, nach Ablauf

---

[17] Vgl. zum Begriff der Legalität Utz *Schliesky*: Souveränität und Legitimität von Herrschaftsgewalt. Die Weiterentwicklung von Begriffen der Staatslehre und des Staatsrechts im europäischen Mehrebenensystem (Jus Publicum. Beiträge zum Öffentlichen Recht 112). Tübingen 2004. S. 166–170.

[18] Udo *Schäfer*: *Quod non est in actis, non est in mundo*. Zur Funktion öffentlicher Archive im demokratischen Rechtsstaat. In: Alles was Recht ist. Archivische Fragen – juristische Antworten. 81. Deutscher Archivtag in Bremen. Redaktion: Heiner *Schmitt* (Tagungsdokumentationen zum Deutschen Archivtag 16). Fulda 2012. S. 66–68.

[19] Christoph F. *Wetzler*: Rechtsstaat und Absolutismus. Überlegungen zur Verfassung des spätantiken Kaiserreichs anhand von CJ 1.14.8 (Freiburger Rechtsgeschichtliche Abhandlungen N.F. 27). Berlin 1997.

[20] Michael *Kloepfer*: Verfassungsrecht I. Grundlagen, Staatsorganisationsrecht, Bezüge zum Völker- und Europarecht. München 2011. § 10, Rdnrn. 1–11, S. 296–298. – Helmuth *Schulze-Fielitz*. In: Grundgesetz. Kommentar, Bd. 2, wie Anm. 13, Art. 20 (Rechtsstaat), Rdnrn. 1–16.

[21] Werner *Schubert*. In: Handbuch zur Geschichte des Notariats der europäischen Traditionen. Hg. von Mathias *Schmoeckel* und Werner *Schubert* (Rheinische Schriften zur Rechtsgeschichte 12). Baden-Baden 2009. S. 203–239. – Christian *Neschwara*: Notar, Notariat. In: Handwörterbuch zur deutschen Rechtsgeschichte. Bd. 3. Berlin ²2016. Sp. 1968–1975.

[22] Falk *Hess*: Grundbuch. In: Handwörterbuch zur deutschen Rechtsgeschichte. Bd. 2. Berlin ²2012. Sp. 569–574. – Vincent *Nossek*: Das Konzept *Grundbuch*. Der Streit um das Grundregister in Deutschland, Frankreich und England zwischen 1652 und 1900 (Rechtsordnung und Wirtschaftsgeschichte 20). Tübingen 2019. S. 11–13, 232–343.

[23] Udo *Schäfer*: Die Pflicht zur Anbietung und Übergabe von Unterlagen in der archivarischen Praxis. In: Historische Überlieferung aus Verwaltungsunterlagen. Zur Praxis der archivischen Bewertung in Baden-Württemberg. Hg. von Robert *Kretzschmar* (Werkhefte der staatlichen Archivverwaltung Baden-Württemberg A 7). Stuttgart 1997. S. 35–39.

einer Verwahrungsfrist von der öffentlichen Stelle auf das zuständige öffentliche Archiv übergeht. Allerdings hat der Bundesgesetzgeber die auf Grund der Grundbuchordnung vom 24. März 1897[24] angelegten und auf Dauer aufzubewahrenden Grundbücher dem Anwendungsbereich der Landesarchivgesetze entzogen.[25] Auf der Grundlage der Reichsnotarordnung vom 13. Februar 1937[26] bot auch die Bundesnotarordnung vom 24. Februar 1961[27] eine juristische Konstruktion, die einer Anwendung der Landesarchivgesetze auf die Notariatsurkunden entgegenstand.[28]

Zum 1. Januar 2022 trat eine Reform des Notariatsrechts in Kraft, der zwei Artikelgesetze aus den Jahren 2017[29] und 2021[30] sowie eine Artikelverordnung aus dem Jahre 2020[31] zu Grunde lagen. Das Notariatsrecht sollte durch das Artikelgesetz aus dem Jahre 2017 mit dem Archivrecht harmonisiert werden. Allerdings hoben die beiden späteren Rechtsetzungsakte diese Harmonisierung durch Einführung einer komplexen Regelungsstruktur wieder auf. Für notarielle Aufzeichnungen, die vor 1950 entstanden sind, setzt die Artikelverordnung aus dem Jahre 2020 eine Pflicht zur dauernden Aufbewahrung fest, die nach Auffassung des Bundesministeriums der Justiz eine Widmung zu Archivgut nicht erlaubt. Die Verordnung ermächtigt die Landesjustizverwaltungen zwar, die Pflicht zur dauernden Aufbewahrung durch eine Aufbewahrungsfrist zu ersetzen. Eine

---

[24] Reichsgesetzblatt 1897. S. 139–157.

[25] Udo *Schäfer*: Der Zugang zu als Archivgut übernommenen Grundbüchern und Grundakten. *Secundum legem ferendam*. In: Rechtsfragen der Nutzung von Archivgut. Vorträge der Frühjahrstagung der Fachgruppe 1 – Staatliche Archive – im VdA – Verband deutscher Archivarinnen und Archivare e.V. am 29. April 2010 in Stuttgart. Hg. von Clemens *Rehm* und Nicole *Bickhoff*, Stuttgart 2010, S. 52–57. – Udo *Schäfer*: Aus der Werkstatt: Das Verhältnis des Grundbuchrechts zum Archivrecht – Regelungen und Regelungsbedarfe. In: Anbietung von Unterlagen öffentlicher Stellen an die Archive: Rechtslagen, Probleme, Lösungswege. Beiträge zu einem Workshop am 27. November 2008 an der Archivschule Marburg. Herrn Dr. Herbert Günther zum 65. Geburtstag. Hg. von Rainer *Polley* (Veröffentlichungen der Archivschule Marburg 50). Marburg 2011. S. 101–116.

[26] Reichsgesetzblatt 1937 I. S. 191–202. – Vgl. Johannes *Gsänger*. In: Handbuch zur Geschichte des deutschen Notariats seit der Reichsnotariatsordnung von 1512. Hg. von Mathias *Schmoeckel* und Werner *Schubert* (Rheinische Schriften zur Rechtsgeschichte 17). Baden-Baden 2012. S. 174–186.

[27] Bundesgesetzblatt 1961 I. S. 77–115.

[28] Johann *Zilien*: Die Archivierung von Unterlagen freiberuflicher Notare – Rechtslagen, Probleme, Lösungswege. In: Anbietung von Unterlagen öffentlicher Stellen an die Archive, wie Anm. 25, S. 117–148. – Daniel *Heimes* und Eike Alexander von *Boetticher*: Der Umgang mit Notariatsunterlagen durch staatliche Archive am Beispiel der Landesarchivverwaltung Rheinland-Pfalz. In: Archivar 71 (2020) S. 334–338.

[29] Gesetz zur Neuordnung der Aufbewahrung von Notariatsunterlagen und zur Einrichtung des Elektronischen Urkundenarchivs bei der Bundesnotarkammer sowie Änderung weiterer Gesetze vom 1. Juni 2017. In: Bundesgesetzblatt 2017 I. S. 1396–1411.

[30] Gesetz zur Modernisierung des notariellen Berufsrechts und zur Änderung weiterer Vorschriften vom 25. Juni 2021. In: Bundesgesetzblatt 2021 I. S. 2154–2203.

[31] Verordnung über die Führung notarieller Akten und Verzeichnisse sowie zur Änderung der Verordnung über die notarielle Fachprüfung vom 13. Oktober 2020. In: Bundesgesetzblatt 2020 I. S. 2246–2257.

solche Entscheidung darf aber nicht vor 2050 wirksam werden. Auf Grund des Artikelgesetzes aus dem Jahre 2021 unterliegen die notariellen Aufzeichnungen bis zur Widmung zu Archivgut Zugangsregelungen, deren Anforderungen erheblich über denen des Archivrechts liegen. Vor diesem Hintergrund bleiben auch die in der Zeit des Nationalsozialismus entstandenen Notariatsurkunden mindestens bis zum Jahre 2050 dem Anwendungsbereich der Landesarchivgesetze entzogen. Für Westfalen[32] und das Rheinland[33] konnte die historische Forschung gleichwohl Studien zur Geschichte des Notariats in der Zeit des Nationalsozialismus vorlegen. Allerdings liegt die Annahme nahe, dass Studien zu weiteren Regionen gerade auch durch die ausbleibende Einbeziehung der Notariatsurkunden in den Anwendungsbereich der Landesarchivgesetze behindert werden. Die Vermittlung, dass öffentliche Archive auf der Grundlage von Landesarchivgesetzen über eine sachliche Zuständigkeit verfügen, Aufzeichnungen auch zum primären Zweck auf Dauer zu erhalten und auf diese Weise einen Beitrag zur Garantie rechtsstaatlicher Legalität zu leisten, ist den staatlichen Archiven bisher nicht in hinreichendem Maße gelungen.

Die Aufgabe der Erhaltung zur Aufarbeitung betroffene Menschen in hohem Maße belastender Phänomene

Auch ein Rechtsstaat muss sich immer wieder mit Phänomenen auseinandersetzen, in denen größere Gruppen von Menschen in einer Art und Weise behandelt worden sind, die in hohem Maße unangemessen und vielfach sogar straf- und deliktsrechtlich relevant war. Deren Aufarbeitung war und ist ohne den Zugang zu und die Verwendung von Aufzeichnungen nicht möglich. Im 21. Jahrhundert sahen und sehen sich öffentliche Archive bisher der Aufgabe gegenüber, Aufzeichnungen über Heimkinder[34] und Verschickungskinder[35] sowie Internatsschülerinnen und

---

32 Michael *Kißener* und Andreas *Roth*: Notare in der nationalsozialistischen *Volksgemeinschaft*. Das westfälische Anwaltsnotariat 1933–1945. Baden-Baden 2017.
33 Michael *Kißener* u. a.: Das rheinische Nurnotariat im Nationalsozialismus. Baden-Baden 2023.
34 Christine *Axer*: Akten über Heimkinder – Akten für Heimkinder. Ein Projekt des Landesarchivs Baden-Württemberg mit dem Sozialministerium Baden-Württemberg. In: *Schutzwürdig*. Zu Aspekten des Zugangs bei Archivgut. Hg. von Elsbeth *Andre* und Clemens *Rehm* (Unsere Archive. Mitteilungen aus den Rheinland-Pfälzischen und Saarländischen Archiven. Beiheft 3). Koblenz 2013. S. 43–54. – Nastasja *Pilz*: Archivrecherchen und historische Aufarbeitung der Heimerziehung in Baden-Württemberg in den 50er und 60er Jahren – Ein Projekt des Landesarchivs Baden-Württemberg. In: Archivar 69 (2016) S. 133–135. – Nastasja *Pilz*: Das Projekt Heimerziehung in der Rückschau – Einordnung und Bilanz. In: Aufarbeiten im Archiv. Beiträge zur Heimerziehung in der baden-württembergischen Nachkriegszeit. Hg. von Christian *Keitel*, Nastasja *Pilz* und Nora *Wohlfahrt*. Stuttgart 2018. S. 6–27. – Christian *Keitel*: Heime, Themen, Quellen. Anmerkungen zur historischen Aufarbeitung der Heimerziehung. In: Ebenda. S. 140–147. – Nora *Wohlfahrt* und Dirk *Hainbuch*: Aufarbeiten durchs Archiv – Was bedeutet das? Ein Blick in Vergangenheit und Zukunft der archivischen Aufarbeitung von Heimerziehung. In: Archivar 72 (2019) S. 138–142.
35 Hans-Jürgen *Höötmann*: Quellen zur Kinderverschickung im Archiv des Landschaftsverbandes Westfalen-Lippe (Archiv LWL). In: Archivpflege in Westfalen-Lippe 95 (2021) S. 48–52.

-schüler³⁶ zu sichern und zu diesen Aufzeichnungen für die juristische, die gesellschaftliche und die wissenschaftliche Aufarbeitung sowie für die persönliche Aufarbeitung durch die Betroffenen Zugang zu gewähren. Nicht nur in der katholischen³⁷ und der evangelischen Kirche, sondern auch in weltlichen Einrichtungen machten die Betroffenen traumatisierende Erfahrungen und wurden vielfach Opfer sexualisierter Gewalt. Es obliegt den öffentlichen Archiven, die Aufzeichnungen zu ermitteln, die es erlauben, solche Phänomene juristisch und persönlich sowie gesellschaftlich und wissenschaftlich aufzuarbeiten, sobald die Phänomene im politischen und gesellschaftlichen Diskurs erkannt werden.

Für solche Phänomene hat Clemens Rehm bei seinen Reflexionen über das Archivrecht vorgeschlagen, neben den Kategorien³⁸ des Registratur-, Zwischenarchiv-, Vorarchiv- und Archivguts die weitere Kategorie des *Fristarchivguts* einzuführen.³⁹ Nach diesem Vorschlag könnten die öffentlichen Archive Aufzeichnungen über solche Phänomene unabhängig von der Feststellung des bleibenden Werts als *Fristarchivgut* übernehmen, schützen und zugänglich machen. Nach Abschluss der juristischen Aufarbeitung sowie der persönlichen Aufarbeitung durch die Betroffenen könnten sie die Aufzeichnungen, denen sie keinen bleibenden Wert zuerkennen, vernichten. Mit der Übernahme als *Fristarchivgut* würden die öffentlichen Archive bei diesen Phänomenen einen unverzichtbaren Beitrag zur Herstellung rechtsstaatlicher Legalität leisten. Das *Fristarchivgut* wäre so lange zu erhalten, bis die Strafverfolgung abgeschlossen, über die Ansprüche der Betroffenen auf Entschädigung oder Schadensersatz abschließend entschieden worden und eine für die weitere persönliche Aufarbeitung hinreichend zu bemessende Frist abgelaufen ist. Zur Herstellung rechtsstaatlicher Legalität könnte die befristete Erhaltung hinreichend sein. Für eine – nicht auf eine Auswahl beschränkte – dauernde Erhaltung könnte aber der folgende Gedanke sprechen: *Erinnerung an historisches Unrecht bleibt nicht bei der Erinnerung stehen, sondern ist der Beginn einer sowohl auf die Gegenwart als auch auf die Zukunft gerichteten Verpflichtung, die Würde der Opfer wiederherzustellen und so zu handeln, dass diese und die Achtung vor den Men-*

---

36 Johannes *Kistenich-Zerfaß*: Exzeptionell und exemplarisch zugleich: Zur archivfachlichen Aufarbeitung der Überlieferung der Odenwaldschule. In: Erziehung und Bildung als kommunalarchivische Überlieferungsfelder. Hg. von Marcus *Stumpf* und Katharina *Tiemann* (Texte und Untersuchungen zur Archivpflege 35). Münster 2019. S. 87–108.

37 Thomas *Großbölting*: Die schuldigen Hirten. Geschichte des sexuellen Missbrauchs in der katholischen Kirche. Freiburg im Breisgau 2022.

38 Vgl. zu diesen Kategorien Udo *Schäfer*: Transfer and Access – The Core Elements of the German Archives Acts. In: Archival Science 3 (2003) S. 367–377.

39 Clemens *Rehm*: Fristarchivgut und Kassationsmoratorien. Erinnerung für Betroffene im Archiv. In: Archive und Aufarbeitung sexuellen Kindesmissbrauchs. Beiträge zu einer Tagung der Unabhängigen Kommission zur Aufarbeitung sexuellen Kindesmissbrauchs und des Hessischen Landesarchivs am 27. März 2019. Hg. von Sabine *Andresen* und Johannes *Kistenich-Zerfaß* (Arbeiten der Hessischen Historischen Kommission 41). Darmstadt 2020. S. 39–54.

schenrechten dauerhaft garantiert bleiben.[40] Christine Axer hat diesen Gedanken im Hinblick auf die Aufarbeitung des Nationalsozialismus entwickelt. Auf Grund seines Abstraktionsgrades lässt er sich auch auf die beschriebenen Phänomene anwenden, ohne das mit dem Nationalsozialismus verbundene historische Unrecht zu relativieren. Eine dauernde Erhaltung aller ermittelten und übernommenen Aufzeichnungen wäre eine ständige Mahnung an die Gesellschaft, Wiederholungen zu verhindern. Auf diese Weise würden die öffentlichen Archive einen Beitrag leisten, rechtsstaatliche Legalität auch in Gegenwart und Zukunft zu garantieren.

Öffentliche Archive und republikanische Legitimität
Zur republikanischen Legitimität

Das Homogenitätsgebot des Artikels 28 Absatz 1 Satz 1 GG verpflichtet die Länder nicht nur auf die Grundsätze des demokratischen, sondern auch des republikanischen Rechtsstaats. Nach dem herrschenden Verständnis innerhalb der Rechtswissenschaft weise der Begriff der Republik jedoch neben dem formalen, auf die Negation einer monarchischen Staatsform bezogenen Inhalt, keinen materialen Inhalt auf. Aus dem Prinzip der Republik würden sich keine materialen verfassungsrechtlichen Erkenntnisse gewinnen lassen, die sich nicht bereits aus dem Prinzip des Rechtsstaats selbst oder aus dem Prinzip der Demokratie würden herleiten lassen.[41] In der Tat entwickelte sich bereits in der Prämoderne eine Dichotomie zwischen den Begriffen *res publica* und *regnum*.[42] Allerdings weisen die Begriffe der Demokratie und der Republik nicht nur konvergierende, sondern auch divergierende Elemente auf. So ist die Komplementarität subjektiver Freiheit und objektiver Ordnung unter dem Grundgesetz republikanischer Natur. Im Verhältnis zum demokratischen Prinzip verfügt das republikanische Prinzip daher entgegen der herrschenden Meinung über einen eigenständigen Inhalt.[43] Das Prinzip des Rechtsstaats wird durch das

---

[40] Christine *Axer*: Die Aufarbeitung der NS-Vergangenheit. Deutschland und Österreich im Vergleich und im Spiegel der französischen Öffentlichkeit. Köln, Weimar und Wien 2011. S. 58.

[41] *Kloepfer*, Verfassungsrecht I, wie Anm. 20, § 8, Rdnrn. 6–9, S. 222 f., § 9, Rdnr. 99, S. 245. – Horst *Dreier*. In: Grundgesetz. Kommentar, Bd. 2, wie Anm. 13, Art. 20 (Republik), Rdnrn. 16–26. – Horst *Dreier*. In: Ebenda. Art. 28, Rdnr. 54. – Michael *Sachs*. In: Grundgesetz. Kommentar, wie Anm. 15, Art. 20, Rdnrn. 9 f. – Andreas *Engels*. In: Ebenda. Art. 28, Rdnr. 14.

[42] Wolfgang *Mager*: Respublica und Bürger. Überlegungen zur Begründung frühneuzeitlicher Verfassungsordnungen. In: Res publica. Bürgerschaft in Stadt und Staat. Tagung der Vereinigung für Verfassungsgeschichte in Hofgeismar am 30./31. März 1987. Redaktion: Gerhard *Dilcher* (Beihefte zu Der Staat 8). Berlin 1988. S. 67–84. – Horst *Dreier*. In: Grundgesetz. Kommentar, Bd. 2, wie Anm. 13, Art. 20 (Republik), Rdnrn. 1–7.

[43] Rolf *Gröschner*: Freiheit und Ordnung in der Republik des Grundgesetzes. Für eine republikanische, nicht aber republikanistische Rechts- und Staatslehre. In. Juristenzeitung 51 (1996) S. 637–646. – Marc André *Wiegand*: Demokratie und Republik. Historizität und Normativität zweier Grundbegriffe des

Prinzip der Republik in der Weise ergänzt, dass die rechtsstaatliche Legalität öffentlichen Handelns durch deren republikanische Legitimität[44] eine materielle, Freiheit und Ordnung ausgleichende Rechtfertigung erfährt. Zur Herstellung republikanischer Legitimität sind Publizität und Transparenz öffentlichen Handelns unverzichtbar.[45]

Publizität und Transparenz

Die öffentlichen Stellen der Freien und Hansestadt Hamburg sind auf Grund des Hamburgischen Transparenzgesetzes verpflichtet, Aufzeichnungen, die bestimmten Kategorien angehören, proaktiv im Transparenzportal Hamburg zu veröffentlichen.[46] Der Verpflichtung liegt die im verwaltungs-, politik- und rechtswissenschaftlichen Diskurs entwickelte Konzeption[47] *Open Government Data* zu Grunde. Im Rahmen dieser Konzeption soll die Distribution administrativen Wissens auch der Förderung der öffentlichen Meinungsbildung dienen.[48] Darüber hinaus stellt *Open Government Data* auch ein Angebot an die historische Forschung dar.[49] Für den fachlichen Betrieb des Transparenzportals Hamburg ist das Staatsarchiv der Freien und Hansestadt Hamburg zuständig.[50] Es hat im Rahmen der Herstellung republikanischer Legitimität durch Publizität und Transparenz eine zentrale Funktion inne. Als Inhaber dieser Funktion ist das Staatsarchiv jedoch unter den staatlichen Archiven ein Solitär.

  Verfassungsstaates (POLITIKA 14). Tübingen 2017. – Thomas *Vesting*: Staatstheorie. München 2018. Rdnrn. 72 f., S. 41 f.

[44] Vgl. zum Begriff der Legitimität *Schliesky*, Souveränität und Legitimität, wie Anm. 17, S. 150–166.

[45] *Gröschner*, Transparente Verwaltung, wie Anm. 12, S. 351–355.

[46] Christoph *Gusy*: Informationszugangsfreiheit – Öffentlichkeitsarbeit – Transparenz. In: Juristenzeitung 69 (2014) S. 171–179. – Florian *Schwill*: Die Reform des Hamburgischen Transparenzgesetzes (HmbTG). In: Informationsfreiheit und Informationsrecht. Jahrbuch 2019. S. 217–232.

[47] Vgl. zu dieser Konzeption Beatrice *Lederer*: Open Data. Informationsöffentlichkeit unter dem Grundgesetz (Internetrecht und Digitale Gesellschaft 1). Berlin 2015.

[48] Gregor-Julius *Ostermann*: Transparenz und öffentlicher Meinungsbildungsprozess. Eine verfassungsrechtliche Untersuchung (Studien und Beiträge zum Öffentlichen Recht 41). Tübingen 2019. S. 183–228.

[49] Stefan *Kuppe* und Udo *Schäfer*: Das Transparenzportal Hamburg. Open Government Data als Angebot auch an die historische Forschung. In: Recherche und Weiterverarbeitung. Digitale Angebote für die historische Forschung im Netz. Beiträge einer Sektion auf dem 51. Deutschen Historikertag 2016 in Hamburg. Hg. von Rainer *Hering* und Robert *Kretzschmar*. Stuttgart 2017. S. 52–62.

[50] Paul *Flamme*: Eine neue Aufgabe für ein staatliches Archiv: das Transparenzportal Hamburg. In: Transformation ins Digitale. 85. Deutscher Archivtag in Karlsruhe. Redaktion: Monika *Storm* (Tagungsdokumentationen zum Deutschen Archivtag 20). Fulda 2017. S. 29–42. – Paul *Flamme*: Das Transparenzportal Hamburg als Aufgabe des Staatsarchivs: ein Modell für andere Archive? In: Archivpflege in Westfalen-Lippe 90 (2019) S. 28–35. – Christine *Axer*: Das Hamburgische Transparenzportal – Eine Bilanz. In: scrinium 72 (2018) S. 33–41.

Öffentliche Archive und demokratische Legitimation

Zur demokratischen Legitimation

Die Bundesrepublik Deutschland ist ein demokratischer Rechtsstaat. Ausdrücklich wird dieser Begriff in der Homogenitätsklausel des Artikels 28 Absatz 1 Satz 1 GG verwendet. Als Modell politischer Ordnung prägte die Demokratie bereits die antike Polis Athen.[51] Als Staatsstrukturprinzip[52] ist die Demokratie in Artikel 20 Absatz 1 und Absatz 2 Satz 1 GG verankert. Der Grundsatz der Volkssouveränität (Artikel 20 Absatz 2 Satz 1 GG) stellt dessen Kern dar. Das Volk ist Träger der Staatsgewalt.[53] Soweit das Volk die Staatsgewalt nicht selbst durch Wahlen und Abstimmungen, sondern durch Organe ausübt, muss die Ausübung der Staatsgewalt dessen Träger zurechenbar sein. Es bedarf deshalb der demokratischen Legitimation[54] der Organe.[55] Dabei muss das Handeln der Exekutive der Kontrolle der Legislative unterliegen. Die Kontrolle setzt die Erstellung und die befristete oder sogar dauernde Erhaltung schriftlicher Aufzeichnungen voraus.[56]

Die Idee des Löschmoratoriums

Auf Grund der Archivgesetze des Bundes und der Länder sind die öffentlichen Stellen verpflichtet, Aufzeichnungen, deren Verwahrungsfristen abgelaufen sind, dem jeweils zuständigen öffentlichen Archiv zur Übernahme anzubieten. Lediglich in den Fällen, in denen der Gesetz- oder der Verordnungsgeber Aufzeichnungen zu *Schriftgut sui generis* bestimmt oder ein gegenüber der Verpflichtung vorrangiges Löschungsgebot erlassen hat, sind Ausnahmen gegeben. Die archivische Überlieferung, die die öffentlichen Archive auf der Grundlage der Pflicht zur Anbietung und

---

[51] Klaus *Bringmann*: Das Volk regiert sich selbst. Eine Geschichte der Demokratie. Darmstadt 2019. – Horst *Dreier*. In: Grundgesetz. Kommentar, Bd. 2, wie Anm. 13, Art. 20 (Demokratie), Rdnrn. 1–17.
[52] *Kloepfer*, Verfassungsrecht I, wie Anm. 20, § 7, Rdnr. 1, S. 153.
[53] *Degenhart*, Staatsrecht I, wie Anm. 14, Rdnr. 26, S. 10. – *Kloepfer*, Verfassungsrecht I, wie Anm. 20, § 7, Rdnr. 12–22, S. 155–157. – Horst *Dreier*. In: Grundgesetz. Kommentar, Bd. 2, wie Anm. 13, Art. 20 (Demokratie), Rdnrn. 82–92. – Michael *Sachs*. In: Grundgesetz. Kommentar, wie Anm. 15, Art. 20, Rdnrn. 12, 27, 27 a.
[54] Vgl. zum Begriff der Legitimation *Schliesky*, Souveränität und Legitimität, wie Anm. 17, S. 150 f.
[55] Horst *Dreier*. In: Grundgesetz. Kommentar, Bd. 2, wie Anm. 13, Art. 20 (Demokratie), Rdnrn. 109–142. – Mathias *Jestaedt*: Radien der Demokratie: Volksherrschaft, Betroffenenpartizipation oder plurale Legitimation? In: Postnationale Demokratie, Postdemokratie, Neoetatismus. Wandel klassischer Demokratievorstellungen in der Rechtswissenschaft. Hg. von Hans Michael *Heinig* und Jörg Philipp *Terhechte*. Tübingen 2013. S. 3–18.
[56] Udo *Schäfer*: Prospektive Jurisprudenz – proaktive staatliche Archive. Zum Professorenentwurf eines Archivgesetzes des Bundes. In: Archivalische Zeitschrift 90 (2008) S. 107–109. – *Schäfer, Quod non est in actis, non est in mundo*, wie Anm. 18, S. 68–71.

Übergabe bilden, bietet die Möglichkeit, öffentliches Handeln auch nach Ablauf der Verwahrungsfristen zu kontrollieren und auf diese Weise demokratische Legitimation zu gewährleisten. Trotz dieses, den demokratischen Rechtsstaat auszeichnenden Systems wird im politischen Diskurs immer wieder die Idee des Löschmoratoriums bemüht.

So hat die Fraktion DIE LINKE am 18. Januar 2023 den Antrag[57] gestellt, dass die Bürgerschaft der Freien und Hansestadt Hamburg ein Löschmoratorium für die Aufzeichnungen beschließen möge, die seit dem 1. Januar 1990 bei den Sicherheitsbehörden zum NSU-Komplex und zum Phänomenbereich *Rechtsextremismus* entstanden seien. In seinem Bericht[58] vom 12. April 2023 hat der Innenausschuss auf Ersuchen der Fraktionen GRÜNE und SPD der Bürgerschaft empfohlen, den Senat zu ersuchen, sicherzustellen, dass die Aufzeichnungen zum NSU-Komplex dem Staatsarchiv übergeben und von diesem als Archivgut übernommen, erhalten und zugänglich gemacht werden. Aufzeichnungen zum Phänomenbereich *Rechtsextremismus*, die nicht den NSU-Komplex betreffen, sollen *weiteren bedeutenden und geeigneten wissenschaftlichen Instituten* angeboten werden, sofern das Staatsarchiv den Aufzeichnungen keinen bleibenden Wert zuerkennt. Mit Beschluss vom 13. April 2023 hat die Bürgerschaft schließlich den Senat ersucht, sicherzustellen, dass die Aufzeichnungen zum NSU-Komplex auf Dauer erhalten und zu diesem Zweck dem Staatsarchiv übergeben werden. Darüber hinaus ist die Präsidentin der Bürgerschaft ersucht worden, einen Auftrag zur wissenschaftlichen Aufarbeitung des NSU-Komplexes in Hamburg zu vergeben.[59] Vom Antrag bis zum Beschluss hat sich das Petitum so verändert, dass eine Konvergenz mit dem auf dem Hamburgischen Archivgesetz beruhenden System hergestellt worden ist. Allerdings wurde in keiner Phase des parlamentarischen Verfahrens auf die Pflicht zur Anbietung und Übergabe Bezug genommen.

Obwohl das Land Baden-Württemberg mit der im Jahre 2020 beim Landesarchiv Baden-Württemberg – Generallandesarchiv Karlsruhe errichteten Dokumentationsstelle *Rechtsextremismus* sogar den Blick über Aufzeichnungen der Sicherheits- und Justizbehörden hinaus gelenkt hat,[60] wird die Erkenntnis, dass öffentliche Archive auch einen Beitrag zur Herstellung demokratischer Legitimation zu leisten vermögen, in Politik und Verwaltung nicht weit verbreitet sein.

---

[57] Bürgerschaft der Freien und Hansestadt Hamburg. Drucksache 22/10688 vom 18.01.2023.
[58] Bürgerschaft der Freien und Hansestadt Hamburg. Drucksache 22/11564 vom 12.04.2023.
[59] Bürgerschaft der Freien und Hansestadt Hamburg. Drucksache 22/11561 vom 12.04.2023.
[60] Gerald *Maier*: Archive als Orte für Wissenschaft und Forschung – Bestandsaufnahme und Perspektiven am Beispiel des Landesarchivs Baden-Württemberg. In: Festschrift für Margit Ksoll-Marcon. Hg. von Bernhard *Grau*, Laura *Scherr* und Michael *Unger*. Bd. 2. Archivalische Zeitschrift 99, 2 (2022) S. 689 f.

Die rechtliche Dimension öffentlicher Archive – Anspruch und Wirklichkeit

Im 19. Jahrhundert schob sich die geschichtliche Dimension öffentlicher Archive vor die rechtliche. An der Wende vom 20. zum 21. Jahrhundert aber gewann die rechtliche Dimension wieder an Aktualität. Für die öffentlichen Archive sind die sich aus dem Prinzip des Rechtsstaats ergebenden Pflichten von hoher Relevanz. Für den republikanischen und demokratischen Rechtsstaat wiederum belegen die beschriebenen Konstellationen die Relevanz öffentlicher Archive. Die Frage hingegen, ob Beiträge zur Herstellung rechtsstaatlicher Legalität, republikanischer Legitimität oder demokratischer Legitimation dem Selbstverständnis öffentlicher Archive oder der Wahrnehmung öffentlicher Archive durch Politik und Verwaltung entsprechen, wird sich lediglich in einzelnen Fällen positiv beantworten lassen.

Archivrechtliche Schlaglichter auf fünf Jahre DSGVO im EU-Raum

Von Jakob Wührer

Die archivische Resonanz auf die Datenschutz-Grundverordnung der Europäischen Union (DSGVO) war, genauso wie die gesellschaftliche Reaktion auf ein vergleichsweise „sperriges Thema" wie das Datenschutzrecht, unmittelbar bevor und nachdem die Verordnung seit dem 25. Mai 2018 vollumfänglich anzuwenden war, bemerkenswert. Wiewohl die Europäische Union mit der DSGVO natürlich weder das Datenschutzrecht an sich, noch die bisherigen wichtigen Grundsätze des Datenschutzrechts neu erfunden hat, konnte die Verordnungsgeberin – wohl aufgrund einzelner wichtiger Neuerungen wie einen maßgeblich erhöhten Strafrahmen oder griffigen Slogans wie *Recht auf Vergessen* – viel Aufmerksamkeit auf diese wichtige Rechtsmaterie lenken. Die Archivgemeinschaft reagierte dementsprechend: Etliche Veranstaltungen inklusive Archivtage verschiedener Ausprägung und damit korrespondierende Publikationen wandten sich diesem Thema zu. Wollte man die Stimmungslage in der Gemeinschaft der Archivarinnen und Archivare beschreiben, könnte man – so mein persönlicher Eindruck – von einem Oszillieren zwischen Euphorie und Hysterie sprechen.[1]

Auch beim 89. Deutschen Archivtag im Jahr 2019 im thüringischen Suhl war die DSGVO ein zentrales Thema, konkret widmete man ihr die *Gemeinsame Arbeitssitzung* mit folgender Überschrift: *Die EU-Datenschutzgrundverordnung (EU-DGVO) – eine erste Bilanz und Pers-

---

[1] Siehe zu dieser Einschätzung und teilweise mit weiterführenden Hinweisen zu Anwendungsbeginn und rechtlichem Kontext der DSGVO Jakob *Wührer*: Die EU-Datenschutzgrundverordnung – eine Chance für Archive. Die Vergleichsperspektive Österreich. In: RECHTsicher – Archive und ihr rechtlicher Rahmen. 89. Deutscher Archivtag in Suhl. Hg. von Thomas *Bardelle* und Christian *Helbich* (Tagungsdokumentationen zum Deutschen Archivtag 24). Fulda 2020. S. 27–44, hier S. 28. – Jakob *Wührer*: Überlieferungsbildung im Schatten oder Windschatten der DSGVO? Die EU-DSGVO als Basis für die archivische Überlieferungsbildung im 21. Jahrhundert. In: Scrinium 74 (2020) S. 58–86, hier S. 58, 63–69. – Uwe *Schaper*: Praktische Auswirkungen der Datenschutz-Grundverordnung (DSGVO) auf die Archive. In: Aktuelle Herausforderungen kommunaler Archivarbeit: Elektronische Langzeitarchivierung, Bestandserhaltung, Rechtsfragen. Beiträge des 28. Fortbildungsseminars der Bundeskonferenz der Kommunalarchive (BKK) in Halle (Saale) vom 27.–29. November 2019. Hg. von Marcus *Stumpf* und Katharina *Tiemann* (Texte und Untersuchungen zur Archivpflege 37). Münster 2020. S. 91–106, hier S. 91.

*pektiven.*² Nachdem aus den ursprünglich vorgesehenen drei Vorträgen in dieser Arbeitssitzung kurzfristig zwei wurden, waren es die Gespräche zwischen den beiden verbliebenen Referenten der Arbeitssitzung, die mich mit Clemens Rehm persönlich bekannt machten: Wir wollten sicherstellen, keinen wichtigen Aspekt zur DSGVO im archivischen Kontext zu vernachlässigen und gleichzeitig die vergleichsweise nun lange Vortragszeit möglichst kurzweilig und effizient zu gestalten: Wir entschieden uns für die Zusammenlegung unserer Vorträge – eine Entscheidung, die uns schon im Vorfeld des Archivtags vermehrt ins Gespräch brachte – ein Gespräch, das auch nach dem Suhler Archivtag immer wieder von der einen oder anderen Seite fortgesetzt wurde.

Unsere Aufgabenstellung und gemeinsames Ansinnen für den Archivtag in Thüringen war, die datenschutzrechtliche Ausgangslage der Jahre 2018/19 für die Archive möglichst übersichtlich darzustellen und die Kolleginnen und Kollegen mit Zuversicht und gestärktem *datenschutzrechtlichem* Selbstbewusstsein auszustatten. Es war also unser beider Anliegen, auf die Chancen hinzuweisen, welche die DSGVO beziehungsweise die datenschutzrechtliche Sensibilisierung, die mit ihr einherging, für die Archive mit sich brachten und die notwendige und ohnehin etablierte archivpolitische Positionierung der Archivarinnen und Archivare als Datentreuhänderinnen und Datentreuhänder und jene der Archive als sichere Datenhäfen hervorzuheben; dies in Abgrenzung zu kommerziellen Datenbrokern und Datenkraken, auf deren Aktivitäten die EU mit der DSGVO Antworten finden wollte.³

Clemens Rehm setzte in Suhl genauso wie in zahlreichen seiner Publikationen zu diesem Thema dem rund um die DSGVO so prominent ventilierten und jegliche Archivierung – so scheint es – kontestierenden *Recht auf Vergessen* das von der datenschutzrechtskonform durchgeführten Archivierung getragene *Recht auf Erinnerung* entgegen. Er informierte damit gleichzeitig über die datenschutzrechtliche Privilegierung zugunsten von Datenverarbeitungen für Archivzwecke im öffentlichen Interesse, welche mit der DSGVO nun hochrangig im Datenschutzrecht verankert sind.⁴

Die Tagung *An den Schnittstellen zwischen Archiv und Gesellschaft* ließ auch mich den in Suhl gesponnenen Faden aus einer interessanten Perspektive wieder aufgreifen: Im Kontext des Mottos der Veranstaltung *vertrauen – vermitteln – vernetzen* galt es den Blick räumlich möglichst zu

---

[2] Siehe dazu das Programmheft: 89. Deutscher Archivtag mit Fachmesse Archivistica. 2019. https://www.vda.archiv.net/fileadmin/user_upload/pdf/Allgemein/Deutscher_Archivtag/2019_Suhl/DAT_2019_Programmheft_Web.pdf (aufgerufen am 19.08.2023).

[3] Siehe die beiden Beiträge in der einschlägigen Tagungsdokumentation, die aus dem gemeinsamen Vortrag hervorgegangen sind: *Wührer*, EU-Datenschutzgrundverordnung, wie Anm. 1. – Clemens *Rehm*: Das „Recht auf Erinnerung". Zur Relevanz des Archivwesens im Zeitalter der EU-Datenschutzgrundverordnung. In: RECHTsicher, wie Anm. 1, S. 45–72.

[4] *Rehm*, Recht auf Erinnerung, wie Anm. 3, S. 54–59. – Clemens *Rehm*: Datenschutzgrundverordnung, Archivgesetze und Archivpraxis. Datenschutz im Archiv vor neuen Herausforderungen. In: Archivpflege in Westfalen-Lippe 96 (2022) S. 5–13, hier S. 6. – Clemens *Rehm*: Recht auf Erinnerung: Rechtssicherung durch Überlieferungsbildung. In: Archive im Rechtsstaat. Zwischen Rechtssicherung und Verrechtlichung. 51. Rheinischer Archivtag, 6.–7. Juli 2017 in Essen: Beiträge (Archivhefte 49) Bonn 2018. S. 43–61.

weiten und zu besprechen, wie die Situation für die Archive nach fünf Jahren Anwendbarkeit der DSGVO im EU-Raum aussieht. *Im EU-Raum* – in einer anderen räumlichen Dimension ließe sich das Thema schwer entfalten – soll dabei den Willen ausdrücken, nicht innerhalb der Grenzen von Österreich und Deutschland verharren zu wollen, die *Schlaglichter* im Titel des Vortrags und Beitrags bringen zum Ausdruck, dass ich die Analyse nur anhand ausgewählter Fragestellungen – gleichsam als Sonden – durchführe.

Entwicklungen: Adaption

Auch wenn die DSGVO das Datenschutzrecht für die EU-Mitgliedsstaaten nicht von Grund auf erneuerte,[5] mussten die kompetenzrechtlich jeweils berufenen Gesetzgeber reagieren – das verlangte alleine der Verordnungscharakter der Norm. Gefordert waren (und sind) auch die Archivgesetzgeber, die von ihnen verantworteten Archivgesetze – aus Sicht des Datenschutzrechts als *bereichsspezifische Datenschutzgesetze* anzusehen – auf von der DSGVO bedingten Änderungsbedarf hin zu analysieren und gegebenenfalls zu novellieren.[6] Anhand der Archivgesetze Österreichs ist zu beobachten, dass die inhaltlichen Änderungen von der bloßen Anpassung von Verweisungen bis hin zur Ausnützung der einschlägigen Öffnungsklausel in Art 89 Abs 3 DSGVO reichte.[7]

Über einzelne dieser Novellierungsvorgänge wurde im Detail berichtet,[8] so manches Novellierungsvorhaben scheint noch in Diskussion zu stehen. Weniger interessant ist es in gegenständlichem Kontext aber, die punktuelle Vorgehensweise einiger Gesetzgeber zu analysieren. Wichtiger

---

[5] Dietmar *Jahnel*: Die DSGVO und das DSG 2018 – Überblick und Problempunkte. In: Datenschutzrecht nach der DSGVO – zentrale Fragestellungen. Erste Jahrestagung *Räume und Identitäten* des Fachbereichs Öffentliches Recht, Völker- und Europarecht der Universität Salzburg. Hg. von Sebastian *Krempelmeier*, Isabel *Staudinger* und Katharina *Weiser*. Wien 2018. S. 29–54, hier S. 29.

[6] Für Deutschland mit einem Überblick zur Ausnutzung der Öffnungsklausel gemäß Art 89 DSGVO zum Stichdatum 30.10.2020 *Rehm*, Recht auf Erinnerung, wie Anm. 1, S. 70–72. – *Schaper*, wie Anm. 1, S. 91–92. – Für Belgien Karin van *Honacker*: Die EU-Datenschutz-Grundverordnung und ihre Auswirkungen auf Archive. Das Beispiel Belgien. In: Archivpflege in Westfalen-Lippe 90 (2019), S. 22–28.

[7] Für Österreich *Wührer*, EU-Datenschutzgrundverordnung, wie Anm. 1, S. 30–37.

[8] Einzelne Beispiele: Betreffend das Archivgesetz Sachsens Michael *Klein*: Archivgesetz & Co. – Archivarisches Handeln im Rahmen aktueller Gesetzgebung. In: Archive im Umbruch. 22. Sächsischer Archivtag 04.–05. Mai 2017 in Dresden. Tagungsband. Ohne Ort [2017]. S. 31–39, hier S. 34–35 – Ebenso Silke *Birk*: Die Anpassung des Archivgesetzes für den Freistaat Sachsen an die EU-Datenschutz-Grundverordnung. In: Sächsisches Archivblatt 2 (2018) S. 11–12. – Für Rheinland-Pfalz Eike Alexander v. *Boetticher* und Daniel *Heimes*: Die Anpassung des rheinland-pfälzischen Landesarchivgesetzes an die DSGVO. In: Recht und Zugang 1 (2020) S. 230–242. – Für Niedersachsen Ute *Heilmann*: Die Anpassung des Niedersächsischen Archivgesetzes an die Vorgaben der Datenschutz-Grundverordnung. In: Archiv-Nachrichten Niedersachsen 22 (2018) S. 139–144.

ist der Frage nachzugehen, ob eine inhaltliche *Konvergenz* wesentlicher archivgesetzlicher Regelungsinhalte der nationalen Archivgesetze im EU-Raum zu beobachten ist und/oder diskutiert wird.[9]

Mit *wesentlichen archivgesetzlichen Regelungsinhalten* sind beispielsweise die Zugangsregime angesprochen, die mit gestaffelten Schutzfristen gerade jene archivgesetzlich legitimierten Eingriffe in Persönlichkeitsrechte abfedern, welche eben auch vom Datenschutzrecht geschützt werden. Im EU-Raum bewirkt nun die DSGVO mehr noch als die ihr vorhergehende EU-Datenschutz-Richtlinie[10] eine sinnvolle Vereinheitlichung des Datenschutzes mit positivem Effekt für alle potentiell betroffenen Bürgerinnen und Bürger. Materiell geschützt werden dadurch wohlgemerkt die Persönlichkeitsrechte von Gleichen unter Gleichen – der archivgesetzlich legitimierte und grundsätzlich je nach Inhalt der Unterlagen zeitlich verzögerte Eingriff in diese Rechte (Schutzfristen) sowie vorgesehene Kompensationsrechte (Auskunftsrechte, Recht auf Gegendarstellung etc.) fallen hingegen sehr unterschiedlich aus. Wurden verschieden lange Schutzfristen in Bezug auf den Zugang zu typologisch gleichartigen Unterlagen aus Sicht der Forschung auch kritisiert,[11] scheint mir diese Diskussion aus Sicht der *Ungleichbehandlung* von Persönlichkeitsrechten bislang ausgeblieben zu sein. Augenscheinlich wird diese Situation der abstrakten Ungleichbehandlung potentiell Betroffener auch in einer verschieden ausgeprägten Ausnutzung der archivischen Öffnungsklausel in Art 89 Abs 3 DSGVO:[12] Im Ergebnis bedeutet dies, dass manche Archivgesetzgeber Betroffenenrechte im von der DSGVO im maximal zulässigen Umfang beschränken – andere diese Möglichkeit (bislang) ungenutzt lassen.

Dabei fehlte es anfänglich – im Jahr 2018 – nicht an *zentraler* Informationsbereitstellung für die Archive im EU-Raum: Die *European Archives Group* (EAG), eine offizielle Expertengruppe der Europäischen Kommission,[13] unterhielt eine Subgruppe *(EAG Data Protection Group)*, die sich der Implementierung der Vorgaben der DSGVO in den Archivbetrieb widmete.[14] Willkommenes

---

[9] Von einem *europäischen Archivrecht* zu sprechen, würde zwar im Rahmen einer internationalen, durchaus reizvoll erscheinenden Rechtsvergleichung möglich sein, in gegenständlichem Kontext aber unpassend erscheinen, da der Europäischen Union anders als im Fall der Rechtsmaterie des Datenschutzes im Bereich des Archivwesens keine Gesetzgebungskompetenz (konkret Verordnungs- beziehungsweise Richtlinienkompetenz) zukommt.

[10] Richtlinie 95/46/EG des Europäischen Parlaments und des Rates vom 24. Oktober 1995 zum Schutz natürlicher Personen bei der Verarbeitung personenbezogener Daten und zum freien Datenverkehr.

[11] Siehe zur Kritik aus Nutzersicht: Stephan *Lehnstaedt* und Bastian *Stemmer*: Informationsfreiheit. Über die Einsicht in staatliche Dokumente vor deren Archivierung. In: Archivar 66 (2013) 46–48, hier S. 48.

[12] Für Deutschland *Schaper*, wie Anm. 1, S. 104. – Für Österreich *Wührer*, EU-Datenschutzgrundverordnung, wie Anm. 1, S. 32–43. – Für Deutschland mit einem Überblick zum Stichdatum 30.10.2020 s. *Rehm*, Recht auf Erinnerung, wie Anm. 1, S. 56–59 und S. 70–72.

[13] European Archives Group. https://commission.europa.eu/about-european-commission/service-standards-and-principles/transparency/access-documents/information-and-document-management/archival-policy/european-archives-group_en#guidelines-on-data-protection (aufgerufen am 21.08.2023).

[14] *Honacker*, wie Anm. 6, S. 25–26.

Ergebnis waren einschlägige Richtlinien zur Anwendung der DSGVO inklusive Hinweise zur Abstimmung der nationalen Archivgesetzgebung in der Art eines gut verständlichen Kommentars, die sich an Archive *(archive services)* verschiedenster institutioneller Ausprägung richten.[15] Angekündigt waren die im Oktober 2018 online publizierten Richtlinien als *work in progress*, da man die periodische Anpassung entlang einschlägiger zukünftiger Rechtsprechung und Rechtsauslegung ankündigte. Die genannte Subgruppe setzte sich darüber hinaus auch die Information über einschlägige nationale Gesetzgebung auf die Agenda.[16] Diese Initiative bringt sehr gut zum Ausdruck, dass der Nutzen eines länderübergreifenden Austauschs gesehen wurde – ich *sähe* ihn weiterhin als absolute Notwendigkeit an. Der Konjunktiv ist berechtigt, denn aktuell ist der Tätigkeitsstatus der EAG-Datenschutz-Subgruppe mit *beendet (closed)* angegeben,[17] eine aktualisierte Auflage der erwähnten Richtlinien ist bislang nicht erschienen genauso wenig wie anderweitige Ergebnisse bekannt gemacht wurden.

Es mag ein rein subjektiver Eindruck auf ungenügender Quellenbasis sein, die vermeintlich *entschlafene* EAG-Datenschutz-Subgruppe passt hier ins Bild, also ihre Inaktivierung und Inaktivität: Nach erhöhtem Interesse in den Jahren 2018 und 2019 ist es nun rund um das Thema *Archivierung und DSGVO* eher ruhig geworden. Natürlich ist daran zu denken, dass die Bewältigung der COVID-19-Pandemie, welche natürlich auch die Archivarinnen und Archivare privat und beruflich und die Archive als Institutionen massiv in Anspruch genommen hat, die Datenschutzthematik überlagert hat. Kann man aber nun beobachten, dass das eine Thema dem Alltag sukzessive wieder entschwindet, bleibt der Datenschutz natürlich präsent und relevant. Alleine bibliographische Recherchen und konkret der Blick in facheinschlägige Zeitschriften lässt aber meines Erachtens erkennen, dass ein *Mitteilungsbedürfnis* kaum (mehr) vorhanden ist. Erwartet hätte man Berichte zu Novellierungen von Archivgesetzen, zu Anwendungsproblemen, zur Rechtsprechung etc. in großer Dichte. Nachvollziehbar ist all das aber nicht – für mich weder in europäischer Dimension – womit ich auch an meinem eingangs geschilderten Vorhaben scheitere – noch im vertrauten deutschsprachigen Raum.

Hilfestellung aus Richtung der Rechtswissenschaft dürfen wir uns kaum erhoffen. Auch hier ist es nur ein Eindruck, doch scheint in der einschlägigen Kommentarliteratur zum Ausdruck zu kommen, dass für Juristinnen und Juristen die Archivierung, die nun in Form der *Archivzwecke im öffentlichen Interesse* in der DSGVO berücksichtigt ist, ein *exotisches* Thema ist, das dement-

---

[15] European Archives Group: Guidance on Data Protection for Archive Services. 2018. https://commission.europa.eu/system/files/2018-10/eag_draft_guidelines_1_11_0.pdf (aufgerufen am 21.08.2023).

[16] Guidance on Data Protection for Archive Services. https://commission.europa.eu/about-european-commission/service-standards-and-principles/transparency/access-documents/information-and-document-management/archival-policy/european-archives-group/guidance-data-protection-archive-services_en (aufgerufen am 21.08.2023).

[17] European Archives Group (E00937), Subgroups. https://ec.europa.eu/transparency/expert-groups-register/screen/expert-groups/consult?lang=en&do=groupDetail.groupDetail&groupID=937&NewSearch=1&NewSearch=1%5B19-04-2023%2014:36%5D%20ok%20will%20ask%20colleagues%20to%20update%20it%20asap (aufgerufen am 21.08.2023).

sprechend oft wenig elaboriert behandelt zu sein scheint.¹⁸ Eine Ausnahme stellt hier der Kommentar zum baden-württembergischen Datenschutzgesetz zur Ausgestaltung der Vorgaben der DSGVO im möglichen Rahmen dar. Dort wurden die archivrelevanten Regelungen von Clemens Rehm kommentiert.¹⁹ Zugute kommt uns sicher nicht, dass die Datenverarbeitung zu im öffentlichen Interesse liegenden Archivzwecken im Normtext der DSGVO in der Regel immer kombiniert mit Verarbeitungen zu *wissenschaftlichen oder historischen Forschungszwecken* sowie *statistischen Zwecken* genannt wird.²⁰ Forschung und Statistik scheinen Themen zu sein, denen sich die juristische Kommentarliteratur eher zuwendet. Verunklart wird auf diese Weise auch, dass die Datenverarbeitung für Archivzwecke oftmals nachgerade eine Voraussetzung für das Verfolgen von Forschungs- und statistischen Zwecken ist.

Rechtsnormen bekommen natürlich dann umso mehr Aufmerksamkeit, umso mehr sie auch Gegenstand rechtlicher Auseinandersetzung beziehungsweise gerichtlicher Verfahren sind. Auch hier zeigt sich, dass Probleme rund um die Datenverarbeitung zu Archivzwecken – soweit mir eine systematische Suche im EU-Raum im Informationsangebot der einschlägigen Gerichte und Behörden möglich war – wenn, dann nicht vor den zuständigen Behörden und Gerichten ausgetragen werden.²¹ Findet man eine einschlägige Berichterstattung, kommt man auch zu dem Schluss, dass alle Beteiligten mit der Archivierung *Verständnisschwierigkeiten* zu haben scheinen:²² Was sind Archivzwecke, was ist ein Archiv, was ist die rechtliche Basis für die Archivierung – und was ist Archivierung?

Dabei zwingen die Vorgaben der DSGVO die Archive beziehungsweise die Archivträger in puncto Mitteilungspflichten zu mehr Transparenz in puncto Datenverarbeitung und damit auch zu mehr Präsenz der Archive.²³ Die Archivierung ist datenschutzrechtlich dann dort, wo sie

---

[18] Man beobachte beispielsweise die Literaturangaben, welche einschlägige archivrechtlich und archivwissenschaftliche Spezialliteratur vollkommen außer Acht lassen, in einem in Österreich vielgenutzten Kommentar zur DSGVO: Michael *Löffler*: Art 89 DSGVO. In: Der DatKomm. Praxiskommentar zum Datenschutzrecht – DSGVO und DSG. Hg. von Rainer *Knyrim*. 2018. https://rdb.manz.at/document/1223_1_datkomm_dsgvo_a0089 (aufgerufen am 21.08.2023). – Diese Feststellung soll nicht als Vorwurf aufgefasst, sondern als meine persönliche Feststellung Anstoß sein, dass Archivarinnen und Archivare prüfen, ob sie zu einem ähnlichen Befund kommen – wenn ja, muss das uns Archivarinnen und Archivaren zu denken geben, wie gut oder eben schlecht wir unsere rechtlichen Bedürfnisse gegenüber den Rechtswissenschaften darstellen und kommunizieren können.

[19] Clemens *Rehm*: § 10. In: Landesdatenschutzgesetz Baden-Württemberg. Handkommentar (Nomos-Kommentar). Baden-Baden 2022. S. 175–193. – Clemens *Rehm*: § 14. In: Ebda. S. 216–222.

[20] Siehe beispielsweise Art 5 Abs 1 lit b und e oder Art 89 DSGVO.

[21] Gerade für den Zweck der EU-weiten Beobachtung einschlägiger Rechtsprechung wäre die EAG-Datenschutz-Subgruppe von großer Wichtigkeit.

[22] Siehe dazu ein Beispiel aus Österreich, auf das weiter unten noch genauer eingegangen wird.

[23] Allgemeine Informationspflicht gemäß Art 13 und 21 DSGVO. – Zur praktischen Umsetzung siehe beispielsweise Lukas *Feiler* und Bernhard *Horn*: Umsetzung der DSGVO in der Praxis. Fragen, Antworten, Muster (Praxisliteratur). Wien 2018. S. 79–84.

kommunikativ sein muss, wenn sie in jeder Datenschutzmitteilung archivgesetzlich anbietungspflichtiger Stellen Erwähnung findet – das Land Oberösterreich soll hier als Beispiel dienen: In allen Datenschutzmitteilungen findet sich mittlerweile folgender Passus wieder, der alle potentiell Betroffenen auch auf die Rolle der Archivierung hinweist: *Die Aufbewahrungsdauer der einzelnen Datenverarbeitungen ergibt sich entweder aus speziellen gesetzlichen Bestimmungen oder aus den jeweiligen Skartierungsvorschiften. Die oö. Landesverwaltung hat gemäß § 3 Oö. Archivgesetz alle Unterlagen, die sie nicht mehr ständig benötigt, nach Ablauf einer durch die Organisationsvorschriften (Skartierungsvorschriften) festgelegten Frist oder spätestens nach 30 Jahren dem Oö. Landesarchiv zur Übernahme (Prüfung der Archivwürdigkeit) anzubieten (Maximalfristen).*[24]

Entwicklungen: Archivisches Löschungssurrogat

Was das Land Oberösterreich in seiner DSGVO-Datenschutzmitteilung möglichst verständlich mitteilen möchte, umschreibt (auch) eine wesentliche datenschutzrechtliche Privilegierung zugunsten von Archivzwecken im öffentlichen Interesse: Was aus Sicht des Datenschutzrechts die Aufhebung der Zweckbindung zugunsten der Archivierung ist, ist aus dem Archivrecht als archivisches Löschungssurrogat bekannt – Archivieren ersetzt Löschen![25] Die Aufhebung der Zweckbindung zugunsten von Datenverarbeitungen für Archivzwecke im öffentlichen Interesse ist nun prominent direkt in der DSGVO verankert worden (Art 5 Abs 1 lit b DSGVO). Einschlägige Bestimmungen in den Archivgesetzen dienen im datenschutzrechtlichen Kontext damit nur mehr der Verdeutlichung.[26] Insofern können datenschutzrechtliche Löschverpflichtungen nie als Grund oder eher gesagt *Ausrede* für das Unterbleiben einer archivgesetzlich gebotenen Anbietung dienen. Scheitert die Anbietung von Unterlagen aus datenschutzrechtlichen Vorwänden, dann liegen die Probleme nicht bei der DSGVO, sondern bei der (rechtswidrigen) Rechtsanwendung. *Qualitativ* kann jeder nationale Archivgesetzgeber sich und damit seiner Archivverwaltung sonst nur noch selber *schaden*, indem das Löschungssurrogat national enger gefasst wird, als die DSGVO

---

[24] Land Oberösterreich: Datenschutzmitteilung (2022). https://www.land-oberoesterreich.gv.at/datenschutz.htm (aufgerufen am 21.08.2023).

[25] Zum archivischen Löschungssurrogat jeweils mit weiterführenden Literaturangaben: Clemens *Rehm*: Löschkultur versus Anbietungspflicht. Standortbestimmung und Perspektiven. In: Nicht nur Archivgesetze … Archivarinnen und Archivare auf schwankendem rechtlichem Boden? Best Practice – Kollisionen – Perspektiven. Beiträge zum 22. Archivwissenschaftlichen Kolloquium der Archivschule Marburg. Hg. von Irmgard Christa *Becker*, Clemens *Rehm* und Udo *Schäfer* (Veröffentlichungen der Archivschule Marburg 66). Marburg 2019. S. 85–117, hier S. 94–107. – *Wührer*, Überlieferungsbildung, wie Anm. 1, S. 76–79.

[26] Einschlägige Regelungen in den Archivgesetzen sind nach wie vor notwendig, da sich das Löschungssurrogat auch auf andere als nur datenschutzrechtliche Tatbestände beziehen kann. Siehe dazu *Wührer*, Überlieferungsbildung, wie Anm. 1, S. 77–78.

den Rahmen aufspannt.[27] Die Unterbindung der Anbietung und damit Archivierung von Unterlagen mit personenbezogenen Daten, welche von vornherein ungerechtfertigt verarbeitet wurden, ist ein Beispiel dafür. Gerade die Dokumentation unrechtmäßigen Handelns der Staatsgewalt sollte doch nicht als Perpetuierung des Unrechts, sondern Ausdruck der rechtsstaatlichen Bedeutung der Archivierung gesehen werden.[28]

Auschlaggebend in solchen und generell allen Archivierungsvorgängen, welche die Aufhebung der Zweckbindung ausnutzen und so im Fall der wirklichen Übernahme für die Zwecke der dauerhaften Aufbewahrung personenbezogener Informationen datenschutzrechtliche Grundsätze durchbrechen, kann und darf alleine die Bewertungsentscheidung der Archivarinnen und Archivare sein.[29]

Seitens der Rechtswissenschaft ist dabei anerkannt, dass die Beurteilung der Archivwürdigkeit nicht Ergebnis juristischer Rechtsanwendung und damit Gesetzesauslegung ist, sondern in der Regel Ergebnis sachverständiger Erkenntnis auf archivwissenschaftlichem Fundament.[30] Ob der

---

[27] Als Beispiel kann das deutsche Bundesarchivgesetz angeführt werden. Siehe dazu Clemens *Rehm*: Löschverpflichtung und Archivierung. Ein Zwischenruf zum Löschungssurrogat. In: Recht und Zugang 1 (2020) S. 219–229. – Ebenso *Klein*, wie Anm. 8, S. 34.

[28] *Rehm*, Löschkultur, wie Anm. 25, S. 106–107. – *Rehm*, Rechtssicherung, wie Anm. 4., S. 50–52. – *Wührer*, EU-Datenschutzgrundverordnung, wie Anm. 1, S. 35–36.

[29] Auch gesetzlichen Vorgaben, die Archivwürdigkeit bedingen, können kritisch gesehen werden – zumindest wird durch solche Regelungen die Möglichkeit zur archivischen Überlieferungsbildung nicht verhindert. Zur archivischen Überlieferungsbildung im Kontext des Rechts siehe für Österreich: Jakob *Wührer*: Die Auswahl des Essentiellen. Archivrechtliche Grundlagen für die archivische Bewertung in Österreichischen Archivgesetzen. In: Zeitgeschichtsforschung im Spannungsfeld von Archiv-, Datenschutz- und Urheberrecht. Hg. von Iris *Eisenberger*, Daniel *Ennöckl* und Ilse *Reiter-Zatloukal*. Wien 2018. S. 83–122, hier vor allem S. 99–108. – Für Deutschland beispielsweise Gregor *Patt*: Chancen oder Stolperfallen? Rechtliche Vorgaben zur Überlieferungsbildung außerhalb des Archivgesetzes. In: Archive im Rechtsstaat, wie Anm. 4, 71–80. – *Rehm*, Rechtssicherung, wie Anm. 4.

[30] Vgl. Hannes *Berger*: Sächsisches Archivgesetz. Kommentar (Schriftenreihe Recht der neuen Medien 77). Hamburg 2018. S. 33–34: *Die archivische Bewertung von angebotenen Unterlagen geht weit über eine juristische Perspektive hinaus. Das Gesetz schreibt zwar vor, dass jene Unterlagen von bleibendem Wert archiviert werden müssen, doch die tatsächliche Einschätzung darüber kann das Archivrecht nicht leisten. Insofern erfüllt das Archivrecht seine Funktion nicht von sich heraus, sondern ist auf extrajuridische Fachkenntnisse und Bewertungsmethoden angewiesen.* – Zur rechtlichen Einbettung dieser kontroll- und weisungsfrei gestellten Bewertungskompetenz Bartholomäus *Manegold*: Archivrecht. Die Archivierungspflicht öffentlicher Stellen und das Archivzugangsrecht des historischen Forschers im Licht der Forschungsfreiheitsverbürgung des Art. 5 Abs. 3 GG (Schriften zum öffentlichen Recht 874). Berlin 2002. S. 172–177. – Einige österreichische Archivgesetzgeber eröffnen die Möglichkeit der Überprüfung der Bewertungsentscheidung durch die öffentliche Gerichtsbarkeit, indem Archive in strittigen Fällen einen (Feststellungs-)Bescheid über die Archivwürdigkeit erlassen müssen (*Wührer*, Auswahl, wie Anm. 28, S. 108). Das ändert aber nichts an der Tatsache, dass die Beurteilung der Archivwürdigkeit nach archiv-

Tragweite der Bewertungskompetenz, die im Kontext des Datenschutzes immer auch mit Grundrechtseingriffen einhergeht, gibt es Stimmen aus der Rechtswissenschaft, die hier Regelungsbedarf im Sinne einer weitergehenden gesetzlichen Ausgestaltung des Bewertungsvorgangs im Sinne expliziter gesetzlicher Schranken anmelden: Zumindest müssten grundrechtsdogmatische Erwägungen der Verhältnismäßigkeit in den Bewertungsprozess einfließen.[31] Entscheidungen, welche beispielsweise eine Auswahlarchivierung auf der Basis von Zufallsstichproben vorsehen, würden sich aber ob der ihnen innenwohnenden Ungleichbehandlung von Betroffenen letztlich nie einer rechtlichen Argumentationslogik zuführen lassen, archivwissenschaftlich vertretbar sind solche Entscheidung aber jedenfalls. Auf ein solches *qualitatives Infragestellen juristischer Prägung* der Bewertungskompetenz gilt es zu reagieren und klar aus archivwissenschaftlicher Sicht proaktiv Position zu beziehen.

Entwicklungen: Datenminimierung

Mit der im öffentlich-rechtlichen Archivwesen archivgesetzlich abgestützten Bewertungskompetenz der Archivarinnen und Archivare geht aus Sicht des Datenschutzes also jedenfalls große Verantwortung einher. Die archivwissenschaftliche Rechtfertigung der Archivwürdigkeit bedeutet dabei nicht, dass der Bewertungsvorgang *außerhalb* der Rechtsordnung vonstattengeht.[32] Die DSGVO bringt, soweit bei einem Bewertungssachverhalt beziehungsweise generell Archivierungssachverhalt ihr Anwendungsbereich eröffnet ist,[33] einhergehend mit der Privilegierung von

---

fachlichen Gesichtspunkten erfolgt. – Für Deutschland kritisch reflektierend Benjamin *Kram*: Die Justiziabilität von Bewertungsentscheidungen. In: Archive im Rechtsstaat, wie Anm. 4, 62–70.

[31] Robert *Rothmann*, Markus *Kastelitz* und Moritz W. *Rothmund-Burgwall*: Archive als „öffentliches Gedächtnis" personenbezogener Patientendaten? Über das Verhältnis von Verschwiegenheitspflichten, postmortalem Persönlichkeitsschutz und öffentlichen Interessen. In: Datenschutzrecht. Jahrbuch 2021. Hg. von Dietmar *Jahnel*. Wiesbaden 2022. S. 197–228, hier 217, 219 und 228.

[32] Dazu meiner Meinung passend Thomas *Henne*: Juristische Anforderungen an die Beweiswerterhaltung bei digitaler Archivierung. In: E-Government und digitale Archivierung. Beiträge zum 23. Archivwissenschaftlichen Kolloquium der Archivschule Marburg. Hg. von Irmgard Christa *Becker* u. a. (Veröffentlichungen der Archivschule Marburg 67) Marburg 2021. S. 97–117, hier S. 98 zur Stellung des Archivrechts: *Archivrecht liefert ‚nur' eine juristische Sicht auf Vorgänge im Archiv. Dadurch wird nicht die Archivwissenschaft überrollt, […]. Stattdessen folgen […] der Code des Rechts und der Code der Archivwissenschaft ihrer je eigenen Logik. Archivarisches Handeln wird in rechtliche Kategorien ‚übersetzt' und nach dem Code des Rechts (‚rechtmäßig' vs. ‚rechtswidrig') bewertet.*

[33] Dies ist – vereinfacht dargestellt – jedenfalls der Fall, wenn bei einem Schritt im Archivierungsprozess personenbezogene Daten automationsunterstützt verarbeitet werden, wobei der Verarbeitungsbegriff äußerst weit gefasst ist. Im Umgang mit genuin digitalen Unterlagen, welche personenbezogene Daten (mit)umfassen, ist immer davon auszugehen, dass die Bestimmungen der DSGVO beachtlich sind. Siehe dazu *Wührer*, Überlieferungsbildung, wie Anm. 1, S. 63–71. – *Boetticher* und *Heimes*, wie Anm. 8, S. 232:

Datenverarbeitungen für im öffentlichen Interesse liegende Archivzwecke, auch *Auflagen* mit sich, die gerade für Bewertung und Übernahme von (digitalen) Unterlagen von Bedeutung sind. Art 89 Abs 1 DSGVO: *Die Verarbeitung zu im öffentlichen Interesse liegenden Archivzwecken […] unterliegt geeigneten Garantien für die Rechte und Freiheiten der betroffenen Person gemäß dieser Verordnung. Mit diesen Garantien wird sichergestellt, dass technische und organisatorische Maßnahmen bestehen, mit denen insbesondere die Achtung des Grundsatzes der Datenminimierung gewährleistet wird. Zu diesen Maßnahmen kann die Pseudonymisierung gehören, sofern es möglich ist, diese Zwecke auf diese Weise zu erfüllen. In allen Fällen, in denen diese Zwecke durch die Weiterverarbeitung, bei der die Identifizierung von betroffenen Personen nicht oder nicht mehr möglich ist, erfüllt werden können, werden diese Zwecke auf diese Weise erfüllt.*

Mit vergleichsweise viel Text sagt uns der Verordnungsgeber, dass wir alle unsere Verarbeitungsschritte (im Archivierungsprozess) möglichst datenschonend vornehmen müssen, denn vom Grundsatz der Datenminimierung (Art. 5 Abs. 1 lit c DSGVO) sind auch unsere archivischen Datenverarbeitungen nicht ausgenommen. Auch eine Methode zur Datenminimierung wird vorgeschlagen, nämlich die Pseudonymisierung, die seitens der Rechtswissenschaft rege Beachtung findet und auch archivwissenschaftlich bereits behandelt wurde.[34] Details sollen hier nicht im Vordergrund stehen, wichtiger ist auf die grundsätzliche Intention des Verordnungsgebers zu reflektieren: Die in Art. 89 Abs. 1 DSGVO formulierte Auflage zwingt nicht zur unbedingten Vornahme von Pseudonymisierung oder – als weitere Möglichkeit – Anonymisierung; auferlegt wird uns nämlich, bei unseren Datenverarbeitungen im Rahmen des Archivierungsprozesses Maßnahmen, die der Datenminimierung dienlich sind, in Betracht zu ziehen und dann vorzunehmen, wenn die von uns verfolgten Zwecke hinsichtlich der Zweckerreichung nicht in Frage gestellt werden.[35] Das ist auch die Essenz des Grundsatzes der Datenminimierung gemäß Art. 5 Abs. 1 lit c DSGVO: Die Beschränkung jeder Datenverarbeitung auf das unbedingt notwendige Maß hinsichtlich der Intensität der Datenverarbeitung, um gleichzeitig die Intensität des datenschutzrechtlichen Eingriffs möglichst gering zu halten.

In einem Archiv unterfallen unter anderem folgende Arbeitsschritte mit personenbezogenen Daten dem Verarbeitungsbegriff: die Anbietung und Übernahme, das Ordnen, die Speicherung, das Erfassen bzw. die Erschließung, die Anpassung oder Veränderung, das Auslesen, die Verwendung, die Nutzung und Bereitstellung in jeglicher Form sowie das Löschen oder die Vernichtung. – Rehm, Datenschutzgrundverordnung, wie Anm. 4, S. 9–13, thematisiert die datenschutzrechtlichen Implikationen in Bezug auf die einzelnen archivischen Prozessschritte.

[34] Eine einschlägige Abschlussarbeit wurde von Clemens *Rehm* betreut: David *Gniffke*: Pseudonymisierung in der DSGVO. Grundlagen und Folgen für Überlieferungsbildung und digitale Langzeitarchivierung. Transferarbeit Archivschule Marburg 2020.

[35] *Boetticher* und *Heimes*, wie Anm. 8, S. 237. – *Rehm*, Datenschutzgrundverordnung, wie Anm. 4, S. 9–10. – *Schaper*, wie Anm 1, S. 102. – *Wührer*, EU-Datenschutzgrundverordnung, wie Anm. 1, S. 43–44. – *Wührer*, Überlieferungsbildung, wie Anm. 1, S. 79–82. – *Rehm*, Recht auf Erinnerung, wie Anm. 3, S. 65–66. – *Rehm*, Datenschutzgrundverordnung, wie Anm. 4, S. 9–10.

Die Auflage der Berücksichtigung der Datenminimierung zwingt uns also keinesfalls, im Rahmen der (digitalen) Archivierung irreversible Schwärzungen vorzunehmen, sie zwingt uns aber, unser Tun datenschutzrechtlich sorgfältig zu reflektieren. Im Kontext der Bewertung bedeutet das beispielsweise, gerade bei der *Formierung* digitaler Unterlagen zur Übernahme darauf zu achten, für die Sicherung der Authentizität von Archivgut unbeachtlichen *Datenballast* von vornherein gar nicht erst zu übernehmen, sondern in den Quellsystemen der Löschung anheimfallen zu lassen.[36] Brauchen wir jedoch personenbezogene Information beispielsweise für die Authentizitätssicherung, die ja langfristig auch rechtsrelevant sein kann, dann liegt darin eine Begründung, keine überschießenden Datenminimierungsstrategien Platz greifen zu lassen.[37] Eine *Verstümmelung* genuin digitalen Archivguts wird uns von der DSGVO nicht auferlegt.

In anders gelagerten Archivierungssachverhalten kann es anders und der Verzicht auf personenbezogene Anteile im Informationsspektrum einer Unterlage geboten sein. Gerade im Bereich der digitalen Archivierung haben sich technisch viele Möglichkeiten zur Umsetzung von Datenminimierungsmaßnahmen eröffnet. Wir werden angehalten sein, Maßnahmen der Anonymisierung und Pseudonymisierung in unsere Methodologie einzubeziehen.[38]

Die zwingende Beachtung der Datenminimierung wird – wenn auch nicht mit irreversiblen Folgen wie bei Bewertung und Übernahme – im Bereich der archivischen Verzeichnung und der Dissemination von Erschließungsmetadaten und digitalem Archivgut interessante und insgesamt positive Effekte haben. Dass Erschließungsmetadaten in pseudonymisierter Form einem breiteren Adressatenkreis, von dem sie als anonymisierte Daten rezipiert werden, auch online zur Verfügung gestellt werden können, war bislang schon eine etablierte Vorgehensweise.[39] Technisch umsetzbar werden in Zukunft aber auch für die Zwecke der Benutzung *anonymisierte DIPs* sein, wodurch wir in diesem Bereich mehr Bewegungsfreiheit erhalten und serviceorientierter und differenzierter auf Zugangsbegehren eingehen können.[40]

Alle Schritte, die wir in Bezug auf den Umgang mit der Auflage der Datenminimierung machen, im Konkreten oder – wenn sie programmatischer Natur sind – mehr im Abstrakten, verlangen jedenfalls nach Transparenz und Nachvollziehbarkeit.[41] Willkür und Bauchgefühl wären hier schlechte Ratgeber. Im Ergebnis wird es Archiven im datenschutzrechtlichen Kontext nicht

---

[36] Vgl. Christian *Keitel*: Prozessgeborene Unterlagen. Anmerkungen zur Bildung, Wahrnehmung, Bewertung und Nutzung digitaler Überlieferung. In: Archivar 67 (2014) S. 278–285, hier S. 284.

[37] Vgl. zur Frage der Authentizitätssicherung in diesem Zusammenhang beispielsweise *Keitel*, wie Anm. 36, S. 284–285.

[38] *Schaper*, wie Anm. 1, S. 96.

[39] Jörn *Brinkhus*: Erschließung und Findmittel. In: Archivrecht für die Praxis. Ein Handbuch. Hg. von Irmgard Christa *Becker* und Clemens *Rehm* (Berliner Bibliothek zum Urheberrecht 10). München 2017. S. 117–131, hier S. 122–130.

[40] *Wührer*, EU-Datenschutzgrundverordnung, wie Anm. 1, S. 44. – Ähnlich *Rehm*, Datenschutzgrundverordnung, wie Anm. 4, S. 10.

[41] *Wührer*, Überlieferungsbildung, wie Anm. 1, S. 82. – Siehe mit dem mehrmaligen Hinweis auf Bewertungsvermerke *Schaper*, wie Anm 1, S. 99 und 103.

schwerfallen, ihr Tun und Lassen in der Rolle eines Datentreuhänders vorteilhaft darzustellen: Die laufende Reduktion des Anteils an personenbezogenen Daten in den anbietungspflichtigen Stellen auf den archivwürdigen Anteil; die datenschutzrechtskonforme und reflektierte Verwahrung und Bereitstellung von Archivgut mit personenbezogenen Informationen, solange, bis der Personenbezug aufgrund des Ablebens der Betroffenen nicht mehr gegeben ist – *Archivierung als Datenverarbeitungsbremse* schlechthin.[42]

Entwicklungen: Archivbegriff

Die Archivprivilegien der DSGVO beziehen sich auf Datenverarbeitungen für *im öffentlichen Interesse liegende* Archivzwecke. Solche Zwecke verfolgen ohne Zweifel Archive, deren Archivierungsprozess archivgesetzlich eingerichtet ist, also öffentliche Archive. Ob auch Privatarchive, die in Abgrenzung zu öffentlichen Archiven nicht über eine gesetzliche Legitimierung ihrer Archivierungstätigkeit verfügen, auch die Privilegien der DSGVO in Anspruch nehmen können, ist nicht eindeutig zu beantworten und kommt auch auf die nationale Ausgestaltung des Datenschutzrechts im von der DSGVO vorgesehenen Rahmen und das nationale Archivrecht an.[43] Seitens des Privatarchivwesen, dass naturgemäß weniger geschlossen wahrnehmbar ist, wurden in den letzten fünf Jahren jedoch keine damit in Zusammenhang stehende Probleme publik gemacht.

Dass Datenverarbeitungen zu Archivzwecken in der DSGVO gerade in Verbindung mit Privilegien berücksichtigt wurden, machte es seit fünf Jahren wahrscheinlicher, dass Datenverarbeitungen in diesem Kontext auch Gegenstand (datenschutz)behördlicher und/oder gerichtlicher Verfahren werden. Gespannt durfte man sein, ob aus dieser Richtung der datenschutzrechtliche Archivbegriff mehr Konturierung erfährt. Auch bei dieser Fragenstellung ist es ohne eine zentrale, EU-weite Entscheidungssammlung angesichts eines breiten Spektrums an zuständigen Aufsichtsbehörden kaum möglich, eine systematische Recherche durchzuführen. Punktuell ist eine Entscheidung der österreichischen Datenschutzbehörde zwar nicht repräsentativ, aber von großem Interesse:[44] Beanstandet wurde von einem Betroffenen eine ihn betreffende Datenverarbeitung bei einer Dokumentationsstelle, die sich als Archiv bezeichnet. In der Tat war eine Verarbeitung betroffen, die nicht als Datenverarbeitung zu Archivzwecken qualifiziert. Voraus-

---

[42] *Wührer*, Überlieferungsbildung, wie Anm. 1, S. 79–82. – Vgl. *Boetticher* und *Heimes*, wie Anm. 8, S. 237.

[43] *Wührer*, Überlieferungsbildung, wie Anm. 1, S. 85–86. – *Wührer*, EU-Datenschutzgrundverordnung, wie Anm. 1, S. 38–41. – Jakob *Wührer* und Martin *Stürzlinger*: Die DSGVO und die Folgen für Privatarchive. In: Archiv und Wirtschaft 52 (2019) S. 26–31. – *Rehm*, Recht auf Erinnerung, wie Anm. 3, S. 61–64. – *Rehm*, § 10, wie Anm. 19, S. 187–189. – *Rehm*, Datenschutzgrundverordnung, wie Anm. 4, S. 8–9. – *Schaper*, wie Anm. 1, S. 95. – *Boetticher* und *Heimes*, wie Anm. 8, S. 233. – *Klein*, wie Anm. 8, S. 35.

[44] DSB-D124.1177/0006-DSB/2019 vom 22. Jänner 2021. https://www.ris.bka.gv.at/Dokumente/Dsk/DSBT_20210122_DSB_D124_1177_0006_DSB_2019_00/DSBT_20210122_DSB_D124_1177_0006_DSB_2019_00.html (aufgerufen am 28.08.2023). – Die Datenschutzbehörde der Republik Österreich fungiert bundesweit als Aufsichtsbehörde gemäß Art. 51 DSGVO.

setzung dafür und Merkmal solcher Datenverarbeitungen ist zwingend, dass personenbezogene Daten verarbeitet werden, die einem Primärverarbeitungskontext entnommen und dem Sekundärzweck der Archivierung zugeführt werden.[45]

In gegenständlichem Fall ging es aber um eine Datenverarbeitung zu Dokumentationszwecken, somit bei der verantwortlichen Stelle um eine Datenverarbeitung im Primärkontext. Interessant ist zu beobachten, dass die Rechtsvertretung der belangten Einrichtung die Ablehnung der verlangten Datenlöschung mit der Archivausnahme von der Löschverpflichtung (Art. 17 Abs. 3 lit d DSGVO)[46] rechtfertigte. Diese Argumentation konnte im Verfahren zunächst nicht verfangen, da die belangte Einrichtung, deren Tätigkeit und damit auch Datenverarbeitung nicht im Geltungsbereich eines österreichischen Archivgesetzes liegt, ihre Datenverarbeitung nicht nach einer der Möglichkeiten nach Art. 6 DSGVO legitimieren konnte. Im Endeffekt klassifizierte die Datenschutzbehörde die in Frage stehende Datenverarbeitung als Datenverarbeitung für wissenschaftliche Forschungszwecke, abgestützt auf das österreichische Forschungsorganisationgesetz, womit auch eine Ausnahme von der Löschverpflichtung nach Art. 5 Abs. 1 lit e iVm Art. 17 Abs. 3 lit d DSGVO gegeben ist und dem Löschbegehren somit zurecht nicht gefolgt werden musste.

Insofern zeigt dieses Beispiel, dass die datenschutzrechtliche Auseinandersetzung mit dem Archivbegriff im Umweg der Auslegung der *Archivzwecke im öffentlichen Interesse* durchaus zu einer Begriffsschärfung beitragen kann, wobei es hier nicht darum geht, auf diesem Weg die Verwendung des Archivbegriffs beschränken zu wollen. Es wird jedoch deutlich, dass sich jede einschlägige Einrichtung über die Rechtfertigungsgründe ihrer Datenverarbeitungen im Klaren sein muss und niemand riskieren sollte, die eigenen berechtigten Interessen nicht adäquat vertreten zu können. Wir müssen nach wie vor damit rechnen, dass Juristinnen und Juristen aufgrund fehlender archivischer Präsenz nicht bis ins letzte Detail mit unseren Anliegen aber auch mit unserer privilegierten Rechtsstellung vertraut sind. Nicht die berufenen Aufsichtsbehörden und im Instanzenweg Gerichte sollen entscheiden, was Archivierung ist und was nicht.

Erneutes Zwischenfazit

Fünf Jahr seit Anwendungsbeginn der DSGVO und anfänglicher Nervosität unter den Archivarinnen und Archivaren wird man zumindest festhalten können, dass die Datenschutzgrundverordnung der Europäischen Union nicht zum unmittelbaren Untergang des Archivwesens – weder des öffentlichen noch des Privatarchivwesens – geführt hat. Dass alle noch 2018/2019 diskutierten Probleme gelöst und offene Fragen beantwortet sind, darf aber ebenfalls ausgeschlossen werden. Eher ist es um das Thema erstaunlich ruhig geworden – zu ruhig? Anwendungsprobleme betreffend die Durchsetzung des archivischen Löschungssurrogats oder der Archivprivilegien gegenüber Löschbegehren im vorarchivischen oder archivischen Kontext werden bestenfalls

---

45   Zu den Zweckwechseln im Lebenszyklus von Archivgut aus datenschutzrechtlicher Sicht siehe *Wührer*, Überlieferungsbildung, wie Anm. 1, S. 62.
46   Auch in diesem Fall in Kombination mit Forschungs- und statistischen Zwecken.

unter der Kolleginnen- und Kollegenschaft besprochen; bleibt vieles davon unveröffentlicht, ist ein systematischer Überblick über die anhaltenden Probleme aber nicht zu erarbeiten. Ähnliches gilt für die Rezeption der Rechtsanwendung und Rechtsauslesung durch Aufsichtsbehörden und Gerichte. Eine systematische, EU-weite, laufende Beobachtung der Rechtssetzung und Rechtsanwendung, welche von der EAG-Datenschutz-Subgruppe geleistet hätte werden können, wäre nach wie vor höchst willkommen. Das Datenschutzrecht hat meines Erachtens das Potenzial, eine Konvergenz wesentlicher archivrechtlicher Regelungsinhalte zu bewirken. Eine solche Dynamik sollte uns nicht auferlegt werden – die Themenführerschaft sollten die Archive für sich beanspruchen.

Archivierung geht mit Grundrechtseingriffen einher, wichtig ist daher Transparenz und Nachvollziehbarkeit in Bezug auf unsere Tätigkeit. Die archivische Bewertung könnte aus datenschutzrechtlicher und damit juristischer Perspektive zunehmend in den Fokus geraten. Es gilt dann archivpolitisch, eine archivwissenschaftlich argumentierte, gefestigte Position einzunehmen beziehungsweise schon eingenommen zu haben. Und es ist an uns, unsere Interessen und Problemstellungen juristisch zu formulieren, um uns aber dann auch juristisch in unserem Sinn vertreten zu lassen.[47]

In Bezug auf die digitale Archivierung hat die norwegische Archivarin Vilde Ronge als Vertreterin des ICA beim 87. Deutschen Archivtag 2017 in Wolfsburg gemeint, wir seien die besten Verbündeten unserer Kolleginnen und Kollegen der IT, auch wenn diesen das noch nicht unbedingt bewusst sei.[48] Diese Achse müssen wir um einen Punkt zu einem Dreieck, immerhin der geometrisch stabilsten Form, ausbauen: Auch den Juristinnen und Juristen, vor allem jenen, die bei unseren Rechtsträgern das Datenschutzrecht verantworten, können wir wichtige Verbündete sein – wir müssen das gegenseitige Bewusstsein dahingehen schärfen! Clemens Rehm hat vorgelebt, wie man eine solche Beziehungspflege betreibt und eine gefestigte archivpolitische Position in (archiv)rechtliche Diskussionen nachhaltig einbringt und vertritt.[49] Seine Stimme wird fehlen, seine Texte uns aber weiterhin inspirieren und motivieren, für die Sache der Archive einzutreten.

---

[47] Vgl. Ulrich *Nachbaur* und Jakob *Wührer*: Archivrecht in der Informationsgesellschaft. In: Aktuelle Fragen des Archivrechts. Hg. von Peter *Bußjäger*, Ulrich *Nachbaur* und Jakob *Wührer* (Institut für Föderalismus, Schriftenreihe 135). Wien 2022. S. 3–19, hier S. 19. – Vgl. *Patt*, wie Anm. 29, S. 80: *Im Großen wie im Kleinen muss man die ‚archivrechtlichen Errungenschaften' der letzten 30 Jahre nicht nur verkünden, sondern auch begründen und argumentativ verteidigen. ‚Archivierung als Löschungssurrogat' oder die ‚Bewertungshoheit des Archivars' sind keine Selbstverständlichkeiten, nur weil sie fachlich sinnvoll erscheinen und einmal Aufnahme in ein Landesarchivgesetz gefunden haben.* – Siehe auch *Boetticher* und *Heimes*, wie Anm. 8, S. 242.

[48] Vilde *Ronge* machte das in eigenen Worten des Verfassers wiedergegebene Statement im Rahmen ihrer Grußworte, die sie bei der Eröffnungsveranstaltung des 87. Deutschen Archivtags am 27. September 2017 sprach. Siehe dazu das Programmheft: 87. Deutscher Archivtag mit Fachmesse Archivistica. 2017. https://www.vda.archiv.net/fileadmin/user_upload/pdf/Allgemein/Deutscher_Archivtag/2017_Wolfsburg/DAT_2017_Programmheft_final_Webversion.pdf (aufgerufen am 22.08.2023). S. 10.

[49] Seine einschlägige Publikationstätigkeit der letzten Jahre ist Zeugnis dessen.

Wie das Archiv zum Lernort wurde – und wird. Initiativen, Netzwerke, Strukturen

Von Wolfhart Beck

In seiner Not wusste der Wiesbadener Staatsarchivdirektor Max Eugen Domarus sich nicht weiter zu helfen und wandte sich im Juni 1928 an den Berliner Generaldirektor. *Es mehren sich hier in letzter Zeit die Fälle*, so Domarus, *dass Oberprimaner auswärtiger höherer Schulen das Staatsarchiv für ihre […] ‚Jahresarbeiten' nutzen wollen und oft von weither ohne vorherige Anmeldungen zugereist kommen.*[1] Bemerkenswert ist hier zunächst einmal, dass schon vor knapp einhundert Jahren Schüler ins Archiv drängten, ebenso, dass sie schon damals mit Formalitäten, wie etwa Anmeldungen, flexibel umgingen. Noch bemerkenswerter ist hier allerdings die Reaktion des Archivdirektors, der nicht bereit war, den Schülern Archivalien vorzulegen und nun vom preußischen Bildungsminister eine Verfügung erbat, um das *Mißverständnis der Oberprimaner* aufzuklären.[2] Eine Begründung schien nicht erforderlich, war die Abwegigkeit der Vorstellung, dass Schüler im Archiv mit Archivalien arbeiten, allen Beteiligten doch zu offensichtlich. Auch das Ministerium hatte volles Verständnis und wies die Schulen über den Dienstweg entsprechend an.[3] Die preußischen Archive hatten wieder ihre Ruhe vor den Schülerinnen und Schülern.

Es war den Archiven nicht in die Wiege gelegt, Lernorte zu sein. Anders als Museen und Gedenkstätten, die gewissermaßen mit einem Bildungsauftrag geboren wurden, waren Archive von ihrer Genese her keine Orte mit Publikumsverkehr, schon gar nicht mit einem Bildungsauftrag. Seit der Entwicklung der Archive zu Bürgerarchiven im 19. Jahrhundert hat es jedoch nicht an Bemühungen und Initiativen gefehlt, Schülerinnen und Schülern Zugänge zu öffnen. Die Suche nach den Anfängen der Archivpädagogik führt u. a. ins Generallandesarchiv nach Karlsruhe. Bereits im Jahre 1886 wurde hier der Versuch unternommen, eine ständige Ausstellung für die interessierte Öffentlichkeit zu präsentieren und dazu gezielt auch Schulen mit dem Angebot einer Begleitung einzuladen. Das archivpädagogische Programm umfasste *gewünschte Erläuterungen der ausgestellten Archivalien* durch einen *Archivbeamten*.[4] Aber das Bemühen schien zunächst in die Leere zu laufen. Der Archivdirektor klagte 1906 über mangelnde Resonanz und musste das Kultus-

---

[1] Landesarchiv NRW W P417/Staatliches Aufbaugymnasium Graf-Adolf-Schule Tecklenburg Nr. 67.
[2] Ebd.
[3] Ebd.
[4] Gregor *Richter*: Öffentlichkeitsarbeit, Bildungsaufgaben und Unterrichtsdienste der Archive. In: Aus der Arbeit des Archivars. Festschrift für Eberhard Gönner. Hg. von Gregor *Richter* (Veröffentlichungen der staatlichen Archivverwaltung Baden-Württemberg 44). Stuttgart 1986. S. 24 f.

ministerium bitten, die Schulen nachdrücklich auf das Bildungsprogramm hinzuweisen.[5] Hier ignorierten offensichtlich die Schulen das Angebot, während sich gut 20 Jahre später in Wiesbaden das Archiv sperrte – wie auch immer: Schule und Archiv fanden noch nicht so recht zueinander. Es bedurfte grundlegender Veränderungen in der Gesellschaft, in den Schulen und in den Archiven, damit Archive zu anerkannten und in Anspruch genommenen Lernorten wurden.

Aufbrüche im und um das Archiv

Gesamtgesellschaftlich entwickelte sich mit den Neuen Sozialen Bewegungen in den 1970er Jahren der alten Bundesrepublik ein zivilgesellschaftliches Interesse an der eigenen Lokal-, Regional- und Alltagsgeschichte.[6] Geschichtsinitiativen und -werkstätten entdeckten die Überlieferung in den Archiven für die Beantwortung der eigenen Fragen an die Vergangenheit und demokratisierten auf diese Weise die Geschichtsforschung und damit die Erinnerungskultur. Auf historische Spurensuche gingen aber nicht nur Erwachsene, sondern auch Kinder und Jugendliche. Wie eine Initialzündung wirkte hierbei der Geschichtswettbewerb des Bundespräsidenten, der 1973 zum ersten Mal von der Körber-Stiftung ausgeschrieben wurde. Seitdem hat er Generationen von Schülerinnen und Schülern angeregt, lokale und regionale Archive aufzusuchen und aktiv für die eigenen historischen Recherchen zu nutzen.

Die gesellschaftlichen Veränderungen blieben nicht ohne Auswirkungen auf die Schule und den schulischen Geschichtsunterricht in der alten Bundesrepublik, in dem noch lange Zeit die frontal vorgetragenen Autoritätserzählungen dominierten. Sie gerieten nun in die Kritik und der Unterricht öffnete sich für neue, emanzipatorische – und das heißt auch die Selbsttätigkeit fördernde – Lehr-Lernformate. Schülerinnen und Schüler sollten direkten Zugriff auf die Spuren der Vergangenheit bekommen und im Sinne einer Erziehung zur Mündigkeit ihre eigenen Fragen, Deutungen und Wertungen entwickeln können. Damit wurde die noch nicht vorinterpretierte historische Quelle zum Dreh- und Angelpunkt des historischen Lernens und zentrales Medium zur Ausschärfung von „Geschichtsbewusstsein". Mit dem forschend-entdeckenden Lernen und der Projektarbeit wurde das Archiv als außerschulischer Lernort seitens der Schulen allererst entdeckt – oder neu entdeckt, wie der Blick auf die eingangs genannten Ansätze zeigt.

---

[5] Ebd. S. 33 f.

[6] Siehe zum Folgenden Wolfhart *Beck*: Historischer Lernort Archiv. Frankfurt/M. 2023. S. 14 ff. – Thomas *Lange* und Thomas *Lux*: Historisches Lernen im Archiv. Schwalbach/Ts. 2004. S. 35–47. – Günther *Rohdenburg*: „… sowohl historisch als auch pädagogisch, didaktisch und archivarisch qualifiziert…" Zur Geschichte der „Archivpädagogen" als Mitarbeiter der historischen Bildungsarbeit an Archiven. In: Der Archivar 53 (2000) S. 225–229, hier S. 226 f. – Günther *Rohdenburg*: 10 Jahre Archivpädagogik. In: Öffentlichkeit herstellen – Forschen erleichtern! 10 Jahre Archivpädagogik und historische Bildungsarbeit. Vorträge zur Didaktik. Hg. von Günther *Rohdenburg* (Kleine Schriften des Staatsarchivs Bremen 24). Bremen 1996. S. 11–19, hier S. 11–13.

Die Archive erkannten die Zeichen der Zeit und ihre erweiterten Aufgaben in einer demokratischen Gesellschaft, wenn auch nicht überall im selben Ausmaß. Wie ein Wachrüttler wirkte der richtungsweisende und noch immer aktuelle Vortrag von Hans Booms auf dem Kieler Archivtag 1969, in dem er den Öffentlichkeitsauftrag der Archive herausstellte – und zwar nicht nur zur Selbstvermarktung, sondern im Sinne einer auf Teilhabe und Partizipation abzielenden demokratischen Bildungsarbeit.[7] Das Archiv als Bürgerarchiv gewann Kontur und mit ihm die Idee von archivischer Bildungsarbeit und Archivpädagogik. Im Folgenden soll die Entwicklung der Archivpädagogik, die sich im engeren Sinne auf die Arbeit mit Schülerinnen und Schülern bezieht, skizziert werden.

Initiativen der Archivpädagogik

Kennzeichnend für das folgende Werden und Wachsen des Archivs als Lernort waren zahlreiche Einzelinitiativen an verschiedenen Orten, in verschiedenen Archiven und Archivsparten. Im Rückblick herrschte in den 1970er Jahren der alten Bundesrepublik eine regelrechte archivpädagogische *Aufbruchsstimmung*.[8] Es war eine Bewegung „von unten" mit dem großen Vorteil, dass viel ausprobiert werden konnte, Räume für Kreativität und Einfallsreichtum entstanden und dabei die jeweiligen örtlichen Bedürfnisse wie Möglichkeiten Berücksichtigung finden konnten – und mit dem großen Nachteil, dass sich die Institutionalisierung erst mühsam erarbeitet werden musste und noch muss. Für die alte Bundesrepublik war das neu, Erfahrungen mussten erst gesammelt werden. Als Orientierungshilfe wurde allenfalls auf den *Service Éducatif* in Frankreich geschaut, der dort bereits seit den 1950er Jahren auf der Ebene von National- und Departementarchiven eine bedeutende Rolle spielte.[9]

Die genannten Initiativen gingen von den Archiven aus und wurden an manchen Orten seit Mitte der 1980er Jahre von Lehrkräften, die an die Archive abgeordnet wurden, oder von Pädagoginnen und Pädagogen, die über Werkverträge und Arbeitsbeschaffungsmaßnahmen eine Anstellung erhielten, unterstützt.[10] Der Ansatz, mit multiprofessionellen Teams, d. h. sowohl archivisch wie pädagogisch ausgebildeten Fachkräften zu arbeiten, sollte richtungsweisend sein. Bereits die ersten archivpädagogischen Aktivitäten waren sehr vielfältig. Sie prägen im Kern bis heute die

---

[7] Vgl. Hans *Booms*: Öffentlichkeitsarbeit der Archive. Voraussetzungen und Möglichkeiten. In: Der Archivar 23 (1970) Sp. 15–32.

[8] *Rohdenburg*, Geschichte, wie Anm. 6, S. 229.

[9] Siehe zur frühen Rezeption Helmut *Richtering*: Der „Service Éducatif" der französischen Archive. In: Der Archivar 22 (1969) Sp. 261–270. – Vgl. auch *Richter*, wie Anm. 4, S. 34 f.

[10] Vgl. *Rohdenburg*, Archivpädagogik, wie Anm. 6, S. 11 und 14 und *Rohdenburg*, Geschichte, wie Anm. 6, S. 227.

Palette der archivischen Bildungsangebote.[11] Allen voran sind hier die Archivausstellungen und ihre didaktische Begleitung für Lehrkräfte und Schulgruppen zu nennen. Dabei handelt es sich wie gezeigt um die älteste Form archivischer Öffentlichkeits- und Bildungsarbeit mit Wurzeln im ausgehenden 19. Jahrhundert, die nun eine Renaissance erlebte und bis heute an einigen Archiven, wie etwa dem Generallandesarchiv Karlsruhe, eine bedeutende Rolle spielt. Als neue Formen kamen Projekttage und Lernangebote im Archiv hinzu,[12] die Herausgabe von Quellensammlungen für den Unterricht,[13] Fortbildungen für Lehrkräfte und – mit einer bemerkenswerten Breitenwirkung – die Betreuung von Schülerinnen und Schülern im Rahmen von Geschichtswettbewerben. Neben dem Bundeswettbewerb spielten anfangs auch lokale Wettbewerbe wie in Freiburg und Münster eine wichtige Rolle.[14]

Die Arbeitsbedingungen in dieser Anfangszeit waren teils abenteuerlich. Die Abordnungsdeputate blieben oft gering und zudem unzuverlässig, eigene Schreibtische oder gar Büros für die abgeordneten Archivpädagoginnen und -pädagogen waren nicht selbstverständlich.[15] Publikationen, so wurde aus dem Staatsarchiv Bremen berichtet, waren nur möglich, weil der abgeordnete Lehrer privat eine Druckmaschine zur Verfügung stellte.[16] Die Homepage der Archivpädagogik wurde jahrelang privat betrieben, bevor sie in die des Verbands deutscher Archivarinnen und Archivare e.V. (VdA) integriert werden konnte.

---

[11] Siehe hierzu die Berichte in der Zeitschrift „Der Archivar", z. B. aus der Anfangszeit Friedhelm *Weinforth*: Arbeitstreffen der Archivpädagogen. In: Der Archivar 41 (1988) Sp. 281 f. – Thomas *Lange* u. a.: Archivpädagogik – Berichte aus der Praxis. In: Der Archivar 42 (1989) Sp. 493–521.

[12] Vgl. exemplarisch Hermann *Ehmer*: Projekttage „Deutsche Schrift" im Staatsarchiv Wertheim. In: Der Archivar 37 (1984) Sp. 540.

[13] So die 1978 begonnene Reihe „Geschichte original – am Beispiel der Stadt Münster", vgl. Roswitha *Link*: Archivpädagogik im Rahmen Historischer Bildungsarbeit im Stadtarchiv Münster. In: Der Archivar 42 (1989) Sp. 513–517. – Ebenso seit 1979 die Reihe „Schule und Archiv" des Staatsarchivs Bremen, vgl. *Rohdenburg*, Geschichte, wie Anm. 6, S. 227. – In Baden-Württemberg erscheinen die Archivnachrichten seit 1990 von Anfang an mit einer Quellenbeilage für Schule und Unterricht, vgl. Clemens *Rehm*: Archiv. Lernort. Erlebnisort. Eine archivpädagogische Standortbestimmung. In: Archive heute – Vergangenheit für die Zukunft. Archivgut, Kulturerbe, Wissenschaft. Hg. von Gerald *Maier* und Clemens *Rehm* (Werkhefte der staatlichen Archivverwaltung Baden-Württemberg A 26). Stuttgart 2018. S. 89–110, hier S. 95 f.

[14] Siehe exemplarisch zum lokalen Münsteraner Wettbewerb *Link*, wie Anm. 13, Sp. 515.

[15] Vgl. *Weinforth*, Arbeitstreffen 1988, wie Anm. 10.

[16] Vgl. *Rohdenburg*, Archivpädagogik, wie Anm. 6, S. 15.

Netzwerke der Archivpädagogik

Die Einzelinitiativen schufen mit der Zeit Netzwerke – vor allem und in erster Linie zwischen Archiven und Schulen. In den 1970er und 1980er Jahren etablierten sich an manchen Standorten Arbeitskreise zwischen Archivarinnen und Archivaren einerseits und Lehrkräften andererseits.[17] Sie waren von ihrer Genese her zunächst personell gebunden und daher nicht immer von allzu langer Dauer. Gleichwohl konnten sich daraus vor Ort zuweilen tragfähige Kooperationsnetzwerke von Archiven und Schulen entwickeln. Handreichungen wie jene von Maria Würfel mit dem Titel *Erlebniswelt Archiv* aus dem Jahre 2000 sollten als weitere „Türöffner" das Archiv als Lernort für Schülerinnen und Schüler und ihre Lehrkräfte zugänglich machen.[18] Im gleichen Jahr fand die erste Karlsruher Tagung für Archivpädagogik statt, die sich von Anfang an als Austauschplattform zwischen Archiv und Schule verstand und noch versteht. Fachvorträge, gemeinsame Arbeit in Workshops und vor allem die Präsentation von Best-Practice-Beispielen durch Schülerinnen und Schüler dienen seitdem jedes Jahr dazu, diese Vernetzung zwischen Archivmitarbeiterinnen und -mitarbeitern verschiedener Sparten und Schülerinnen und Schülern wie Lehrkräften verschiedener Schultypen auszubauen und zu institutionalisieren.[19]

Netzwerke bildeten sich zudem unter den Archivpädagoginnen und -pädagogen. Im Jahre 1988 fand ein erstes bundesweites Arbeitstreffen in Düsseldorf statt,[20] zunächst noch ganz formlos, etwas graswurzelartig, aber der Austausch verstetigte sich und gewann an Struktur. Aus den Arbeitstreffen entwickelte sich die Archivpädagogikkonferenz, die zunächst jährlich, inzwischen im zweijährigen Rhythmus an wechselnden Archiven zu aktuellen Schwerpunktthemen den fachlichen Austausch vorantreibt.[21] Der zunächst lose Zusammenschluss der Archivpädagoginnen und -pädagogen institutionalisierte sich auf dem Deutschen Archivtag 1998 mit der formellen Gründung des *Arbeitskreis Archivpädagogik und Historische Bildungsarbeit* im VdA. Seit 1999 richtet der Arbeitskreis ergänzend zu den Konferenzen auf den Deutschen Archivtagen eigene Veranstaltungen aus.[22] Dem Austausch und der Vernetzung diente seit 1996 auch das *Informa-*

---

17 Vgl. *Richter*, wie Anm. 4, S. 36. – Friedhelm *Weinforth*: Arbeitstreffen der Archivpädagogen. In: Der Archivar 42 (1989) Sp. 111 f. – Bereits 1978 war ein Arbeitskreis in Ulm entstanden, vgl. Hans Eugen *Specker*: Zusammenarbeit zwischen Archiv und Schule. In: Der Archivar 40 (1987) Sp. 397–404, hier Sp. 402f.

18 Maria *Würfel*: Erlebniswelt Archiv. Eine archivpädagogische Handreichung. Stuttgart 2000. – Parallel entstand in Nordrhein-Westfalen: Joachim *Pieper*: Lernort nordrhein-westfälisches Hauptstaatsarchiv in Düsseldorf. Geschichte entdecken, erfahren und beurteilen. Eine Einführung in die Archivarbeit. Düsseldorf 2000.

19 Vgl. Clemens *Rehm*: 10 Jahre Karlsruher Tagung für Archivpädagogik. In: Der Archivar 62 (2009) S. 405–408.

20 Vgl. Weinforth, Arbeitstreffen 1988, wie Anm. 11.

21 Siehe hierzu VdA – Archivpädagogen. https://www.vda.archiv.net/archivpaedagogen/archivpaedagogenkonferenz.html (aufgerufen am 06.07.2023).

22 Vgl. Annekatrin *Schaller*: Anspruch und Wirklichkeit. Archivpädagogik in Deutschland heute. In: Der Archivar 72 (2019) S. 102–104, hier S. 104.

tionsblatt ABP – Archiv, Bildung, Pädagogik,[23] das heute als Newsletter weitergeführt wird. Schon bald wurde auch an eine internationale Vernetzung gedacht, die in einer internationalen Tagung 2003 in Bocholt ihren Ausdruck fand, in dieser Form aber leider bisher nicht fortgesetzt werden konnte.[24]

Die Strukturen der Archivpädagogik

Der Blick auf die skizzierten Entwicklungen lässt erkennen, wie sich aus Einzelinitiativen Netzwerke bildeten, die wiederum in verstetigte Strukturen überführt werden konnten. Derart institutionalisierte Strukturen sind notwendig, um die Abhängigkeiten von Einzelinitiativen und Einzelpersonen zu lösen. Nur so sind schließlich auch Generationenwechsel möglich. Dieser Prozess der archivpädagogischen Strukturbildung – dies sei vorweggenommen – ist noch lange nicht abgeschlossen.

Strukturen für Archivpädagogik und Historische Bildungsarbeit entstanden zunächst einmal in den Archiven vor Ort. Seit Booms aufrüttelndem Vortrag 1969 ist tatsächlich viel passiert, die Öffentlichkeitsarbeit und damit auch der eigene Bildungsauftrag wurden als Aufgabenfeld von vielen Archiven erkannt, ausgestaltet und ausgebaut.[25] Dies ist zum Teil auch im wörtlichen, d. h. architektonischen Sinne zu verstehen: zu den Lesesälen kamen in den Archiven Vortragsräume und Ausstellungsflächen. Bisher kaum berücksichtigt sind dagegen Seminarräume für Lerngruppen, die für Bildungseinrichtungen obligatorisch sein sollten.[26] An verschiedenen Standorten entwickelten sich feste Angebote mit festen Aufgabenzuschreibungen bzw. Stellenanteilen. Derartige verbindliche Verankerungen sind zur Absicherung erforderlich. In den Archivgesetzen, die seit Ende der 1980er Jahre entstanden, fand eine solche Verpflichtung – um es einmal vorsichtig auszudrücken – nur sehr zögerlich statt. Wenn es der jeweilige Wortlaut auch nicht immer hergab, fehlte es doch nicht an wohlwollenden Interpretationen der Gesetzestexte.[27] Das Landesarchiv Baden-Württemberg ist ein gutes Beispiel dafür, wie das Archiv selbst voranschritt und aus eigener Kraft Grundlagen schuf. Im Selbstverständnis 2006 und zuletzt im neuen Mission Statement 2021 bekennt sich das Landesarchiv ausdrücklich zum eigenen Bildungsauftrag, so dass er Eingang in das novellierte Landesarchivgesetz finden wird.[28] Die Kommunalarchive sind bereits 2005 diesen Weg

---

[23] Vgl. *Rohdenburg*, Geschichte, wie Anm. 5, S. 225.

[24] Vgl. Dieter *Klose* u. a.: Archivpädagogische Perspektiven – eine europäische Bilanz. Tagung für Archivpädagogik in Bocholt. In: Der Archivar 57 (2004) S. 208–216.

[25] Vgl. den Überblick bei Schaller, wie Anm. 21. – Für Baden-Württemberg Peter *Exner* u. a.: Echte Geschichte entdecken. Archivpädagogik und Demokratiebildung im Landesarchiv Baden-Württemberg. In: Geschichte in Wissenschaft und Unterricht 73 (2022) S. 273–285.

[26] Vgl. *Richter*, wie Anm. 4, S. 33.

[27] Siehe hierzu *Rehm*, Archiv, wie Anm. 13, S. 94 f.

[28] Vgl. ebd., S. 108 sowie *Exner*, wie Anm. 25, S. 273 f. – Mission Statement des Landesarchivs Baden-Württemberg. 2021. https://www.landesarchiv-bw.de/de/landesarchiv/ueber-uns/46644 (aufgerufen am 06.07.2023).

der Selbstverpflichtung gegangen.²⁹ Für eine weitere Institutionalisierung und strukturelle Implementierung der Archivpädagogik stellt die verbindliche Festschreibung des Bildungsauftrages eine unabdingbare Grundlage dar, nicht zuletzt für die Schaffung der erforderlichen personellen Strukturen.

An der Schnittstelle zwischen archivischer Fachkompetenz und pädagogisch-didaktischem Handeln hat mit der Archivpädagogik ein Berufsfeld Gestalt angenommen, das sowohl von archivischer als auch von pädagogischer Seite ausgefüllt wurde und wird: durch mehr oder weniger feste Stellenanteile von Archivarinnen und Archivaren als interne Lösung oder durch Abordnungen von Lehrkräften aus den Schulen ans Archiv als externe Lösung. Den Anfang bei den Abordnungen machten das Stadtarchiv Bremerhaven 1984 sowie zwei Jahre darauf die damaligen Staatsarchive in Bremen, Hessen und Nordrhein-Westfalen. Es folgten später Hamburg sowie vorübergehend Sachsen und Thüringen.³⁰ In Baden-Württemberg ist ein anderer Weg mit der Einrichtung von Landeskundebeauftragten eingeschlagen worden, die vor Ort teils intensiv mit den Archiven zusammenarbeiten und in Kooperation mit Archiven und anderen Lernorten Module für den Unterrichtseinsatz entwickeln.³¹ Eine weitere Variante, die Archivpädagogik personell fest im Archiv zu verankern, stellte die Einrichtung von Stellen dar, die ausschließlich der Öffentlichkeits- und historischen Bildungsarbeit gewidmet sind. Erstmals geschah dies 1983 am Stadtarchiv Münster, bisher folgten allerdings nur wenige Archive diesem Weg.³² Andere Archive fanden kreative Lösungen durch die Einbindung von Jugendlichen im Rahmen des Freiwilligen Sozialen Jahrs Kultur, so mit großem Erfolg das Staatsarchiv Ludwigsburg.³³

Strukturen zeichnen sich schließlich auch hinsichtlich der Kooperationen von Archiv und Schule ab. War die Zusammenarbeit zunächst überwiegend geprägt von persönlichen Kontakten einzelner Lehrkräfte zum Archiv, entwickelten sich daraus festere, stetige Verbindungen, die im Rahmen von „Bildungspartnerschaften" weiter institutionalisiert werden können. In Nordrhein-Westfalen werden derart formalisierte Partnerschaften seit 2011 angeboten,³⁴ in Baden-Württem-

---

29   Vgl. BKK - Bundeskonferenz der Kommunalarchive: Positionspapier „Historische Bildungsarbeit als integraler Bestandteil der Aufgaben des Kommunalarchivs". https://www.bundeskonferenz-kommunalarchive.de/empfehlungen/Positionspapier_Historische_Bildungsarbeit.pdf (aufgerufen am 06.07.2023).

30   Vgl. zu den Anfängen *Rohdenburg*, Archivpädagogik, wie Anm. 6, S. 11 und 14 und *Rohdenburg*, Geschichte, wie Anm. 6, S. 227.

31   Vgl. *Exner*, wie Anm. 25, S. 274. – Abordnung von Lehrkräften gibt es in Baden-Württemberg interessanterweise nur für das Bundesarchiv in der Erinnerungsstätte Rastatt und in der Außenstelle Ludwigsburg.

32   In Münster handelte es sich zunächst um eine ABM-Maßnahmen, die 1988 in eine feste Stelle umgewandelt wurde und bis heute im Kern besteht. In Frankfurt wurde 1988 ebenfalls eine eigene Stelle für die Bildungsarbeit eingerichtet. Vgl. *Rohdenburg*, Geschichte, wie Anm. 6, S. 227 f.

33   Vgl. Peter *Müller* und Elke *Koch*: Archivpädagogik ohne Archivpädagogen? Neue Wege der kulturellen Jugendbildung im Staatsarchiv Ludwigsburg. In: Der Archivar 59 (2006) S. 348–355.

34   Vgl. Bildungspartner NRW Archiv und Schule. http://www.archiv.schulministerium.nrw.de/Bildungspartner/Die-Bildungspartner/Bildungspartner-NRW/Archiv/index.html (aufgerufen am 6.7.2023).

berg ist der Weg 2021 gebahnt worden.³⁵ Merkmale von Bildungspartnerschaften sind schriftlich fixierte Kooperationsvereinbarungen, vereinbarte Kooperationsformate, benannte Ansprechpartner mit regelmäßigem Austausch und die Implementierung in beiden beteiligten Institutionen. Fixierte Bildungspartnerschaften, das zeigen die gemachten Erfahrungen, tragen wesentlich zu einer lebendigen, aber auch verbindlichen und damit nachhaltigen Kooperation bei.

Zwischenbilanz

Im Rückblick zeigt sich eine gut konturierte, dabei in sich sehr vielfältige Entwicklungslinie des Archivs zum Lernort. In einem durch gesamtgesellschaftliche Veränderungen flankierten Rahmen entstanden ab den 1970er Jahren an vielen Orten der alten Bundesrepublik archivpädagogische Initiativen, die sich zu Netzwerken entwickelten und sich schließlich zu institutionalisieren begannen. Clemens Rehm bilanziert 2018, dass *aus archivischer Sicht von einem etablierten Bemühen um eine archivpädagogische Kultur im Land* gesprochen werden könne.³⁶ *Etabliertes Bemühen* ist ein vielsagender Ausdruck, der das Erreichte zur Kenntnis nimmt, aber auch anmahnt, dass noch viel zu tun ist: etabliert ist das Bemühen, noch nicht die Archivpädagogik. *Was fehlt, ist aber die organisierte und institutionalisierte ständige Zusammenarbeit zwischen Schule und Archiv*.³⁷ Diesen Satz formulierte Gregor Richter, Präsident der Landesarchivdirektion Baden-Württemberg, im Jahre 1986 – er ist leider noch immer gültig. Annekatrin Schaller konstatiert 2019 für die archivpädagogische Landkarte Deutschlands etliche *Leuchttürme*, aber auch *Leerstellen*.³⁸ Was heißt das im Einzelnen?

Die Archivpädagogik in Deutschland hängt nach wie vor von Einzelinitiativen und Einzelstrukturen und d. h. von den Prioritätensetzungen einzelner Archive ab. Das führte und führt dazu, dass an einzelnen Orten die archivischen Bildungsangebote aufblühen und sich strukturell etablieren, aber eben auch dazu, dass sie zuweilen wieder versiegen. An anderen Orten wiederum führen die Bemühungen zu keinem Erfolg oder bleiben ganz aus. Abhängigkeiten bestehen ebenso von politischen Entscheidungen, etwa bei der Ausformulierung der Landesarchivgesetze, denen bisher weitgehend ein klares Bekenntnis zur historischen Bildungsarbeit fehlt. Abhängigkeiten zeigen sich schließlich auch bei der Abordnung von Lehrkräften. In Bremen, Sachsen und

---

[35] Vgl. Gemeinsame Erklärung zur Förderung von historisch-politischer Bildung an außerschulischen Geschichtsorten in Baden-Württemberg. 2021. https://www.schule-bw.de/faecher-und-schularten/gesellschaftswissenschaftliche-und-philosophische-faecher/landeskunde-landesgeschichte/schulprojekte/bildungspartnerschaft/erklaerung-unterzeichnet.pdf (aufgerufen am 06.07.2023).
[36] *Rehm*, Archiv, wie Anm. 13, S. 104.
[37] *Richter*, wie Anm. 4, S. 39.
[38] *Schaller*, wie Anm. 22, S. 102.

Thüringen sind sie schon längst wieder eingestellt,³⁹ in Hessen, Nordrhein-Westfalen und Hamburg bestehen sie dagegen mit langer Tradition fort. Politische Abhängigkeiten wirken sich mit aller Deutlichkeit auch auf die Aufnahme des Archivs als Lernort in die Bildungs- und Lehrplänen der Länder aus.

Es bedarf also weiterer Initiativen, einen weiteren Ausbau von Netzwerken und weiterer Institutionalisierungen – und zwar auf mehreren Ebenen und in mehreren Richtungen, wenn es bei dem von Clemens Rehm formulierten Ziel bleiben soll, *daß jeder Schüler in seiner Schulzeit einmal das Archiv besucht hat.*⁴⁰

Impulse und Ausblick

Der Blick auf die Entwicklung des Archivs zum Lernort erlaubt es, die Linien weiterzuziehen und Impulse für die Weiterentwicklung und weitere Etablierung des Lernortes zu formulieren.
Erstens müssen die Archive aller Sparten in der Breite das eigene Selbstverständnis konsequent um die Dimension erweitern, ein Lernort zu sein, und den Bildungsauftrag nicht nur als freiwillige Zusatzaufgabe, sondern als archivische Kernaufgabe in einer demokratischen Gesellschaft anerkennen.⁴¹ Bereits die archivpädagogischen Aufbrüche der 1970er und 1980er Jahre wurden Anfang der 1990er Jahren eingeholt von einer archivinternen Debatte um die Rolle der Bildungs- und Öffentlichkeitsarbeit. Wilfried Schöntag, Präsident der Landesarchivdirektion Baden-Württemberg, war nicht allein mit der Forderung, die Aufgaben des Archivs auf die hoheitlichen Bereiche des Bewahrens und der Rechtssicherung zu beschränken und sämtliche kulturellen wie pädagogischen Aufgaben anderen Einrichtungen zu überlassen.⁴² Es mangelte zwar nicht an Widerspruch und auch aus Sicht der Archive wird die grundsätzliche Sinnhaftigkeit von historischer Bildungsarbeit heute, da die Frage der Offenheit von Archiven ganz neu diskutiert wird,

---

39 In Bremerhaven endete die Abordnung nach 12 Jahren 1996, vgl. *Rohdenburg*, Geschichte, wie Anm. 6, S. 229. – In Sachsen und Thüringen wurden die Abordnungen bereits nach wenigen Jahren 2012 bzw. 2014 schlagartig wieder eingestellt, vgl. *Schaller*, wie Anm. 22, S. 103.

40 Clemens *Rehm*: „Nicht nur für Gymnasiasten". Grundsatzüberlegungen zu Zielgruppen archivpädagogischer Arbeit. Vortrag auf der Tagung des Generallandesarchivs Karlsruhe am 17. März 2000. https://www.landesarchiv-bw.de/sixcms/media.php/120/47281/rehm_grundsatz_zielgruppen.pdf (aufgerufen am 06.07.2023).

41 Vgl. z. B. Jens *Murken*: Historische Bildungsarbeit – Öffentlichkeitsarbeit. Eine theoretische Annäherung. In: Der Archivar 60 (2007) S. 131–135, hier S. 135.

42 Vgl. Wilfried *Schöntag*: Der Auswertungsauftrag der Archive – Fragen aus staatlicher Sicht. In: Der Archivar 47 (1994) Sp. 31–40. – Siehe zur Debatte und dem spürbaren Druck auf die Archivpädagogik in den 1990er Jahren *Rohdenburg*, Archivpädagogik, wie Anm. 6, S. 16 f. und die Darstellung bei *Müller* und *Koch*, wie Anm. 33, S. 348.

nicht mehr in Frage gestellt.[43] Eine belastbare Selbstverpflichtung bleibt jedoch noch immer die Ausnahme. Gefragt sind hier am Ende die Archivgesetze der Länder. Die formelle Aufnahme des Bildungsauftrags zu den Kernaufgaben hätte durchaus Auswirkungen: In der Raumgestaltung würden zu den Lesesälen und Vortragsräumen Seminarräume hinzukommen müssen.[44] In der Personalausstattung müsste der Bereich der Archivpädagogik und Bildungsarbeit mit einem verlässlichen Schlüssel berücksichtigt werden. Personell könnte der Bedarf auf den bekannten beiden Wegen abgedeckt werden, d. h. zum einen durch interne Besetzung mit Archivarinnen und Archivaren, denen dann auch angemessene archivpädagogische Ausbildungsanteile und ebenso Fort- und Weiterbildungen angeboten werden müssten. Ausgebaut werden könnte zum anderen die zweite Möglichkeit, d. h. die verlässliche Abordnung von Lehrkräften mit einem ausreichenden Stundenkontingent zumindest an die Landesarchive – wenngleich die Spielräume hier durch den aufziehenden Lehrkräftemangel eher kleiner werden dürften. Vielversprechend erscheint daher die oben bereits skizzierte dritte Variante der fest angestellten pädagogische Mitarbeiterinnen und Mitarbeiter wie in anderen Bildungseinrichtungen auch.

Zweitens sollten als weitere Player die Schulministerien und bildungspolitischen Entscheidungsträgerinnen und -träger mehr in die Verantwortung genommen werden. Neben den Gedenkstätten und Museen rutscht das Archiv in den schulischen Lehr- und Bildungsplänen oftmals aus dem Blick, dabei liegt hier gerade für ein kompetenzorientiertes Lernverständnis viel Potenzial. Für einen modernen Geschichtsunterricht ist das Archiv der geborene Bildungspartner. Das müsste dann auch bedeuten, den Lernort in der Aus- und Fortbildung von Lehrkräften fest zu verankern.

Als dritter Bereich ist die universitäre Geschichtsdidaktik, die bisher einen erstaunlichen Bogen um den Lernort Archiv gemacht hat, stärker einzubeziehen.[45] Die Archivpädagogik ist, wie der Blick in ihre Entstehung gezeigt hat, von unten, aus der Praxis heraus gewachsen. Eine Archivdidaktik, also eine didaktische Reflexion des historischen Lernens im Archiv fehlt weitgehend, anders als bei den Lernorten Gedenkstätte und Museum.[46] Damit fehlen auch wichtige Impulse aus der fachwissenschaftlichen Didaktik für die Praxis, ebenso empirische Untersuchungen über die spezifischen Lernpotenziale. Ansätze einer Verzahnung von archivpädagogischer Praxis

---

[43] Vgl. z. B. Volker *Schockenhoff*: Historische Bildungsarbeit – Aperçu oder ‚Archivische Kernaufgabe'. Die gegenwärtige Diskussion um die zukünftige Rolle öffentlicher Archive. In: Öffentlichkeit herstellen – Forschen erleichtern, wie Anm. 6, S. 11–18.

[44] Das Raumproblem wurde bereits beim ersten Arbeitstreffen der Archivpädagogen 1988 thematisiert, vgl. *Weinforth*, wie Anm. 11, Sp. 281.

[45] Kritik daran bereits bei *Rohdenburg*, Geschichte, wie Anm. 6, S. 226. – Ebenso Franz-Josef *Jakobi*: Zur didaktischen Dimension der Archivarbeit. In: Geschichtsbewusstsein und Methoden historischen Lernens. Hg. von Bernd *Schönemann*, Uwe *Uffelmann* und Hartmut *Voit*. Weinheim 1998, S. 227–237, hier S. 231.

[46] Vgl. zuletzt Jens *Aspelmeier*: „Geschichte selber erkunden" – Geschichtsdidaktische Überlegungen zu Chancen und Grenzen Historischen Lernens im und mit dem Archiv. In: Der Archivar 72 (2019) S. 105–107, hier S. 106 f.

und wissenschaftlicher Geschichtsdidaktik zeichnen sich ab, die Kontakte und der Austausch bedürfen aber dringend der Stärkung.

Zum Schluss soll ein Gedanke aufgriffen werden, der in Karlsruhe wie auch im Landesarchiv Baden-Württemberg schon oft vorgetragen und entwickelt worden ist, und der für die weitere Profilierung des Lernortes sowohl in der inhaltlichen Arbeit wie in der Darstellung nach außen entscheidend sein dürfte: Die Etablierung und Konturierung des Archivs als Ort demokratischer Bildung.[47] Dabei handelt es sich nicht um ein ergänzendes oder austauschbares Profil, sondern um die Kernrolle des Archivs in einer demokratischen Gesellschaft. Denn das Archiv leistet Demokratiebildung in gleich mehrfacher Hinsicht:

Das Archiv ermöglicht erstens Partizipation, indem es Schülerinnen und Schülern (wie auch Erwachsenen) Zugänge zur historischen Überlieferung eines Staates, einer Kommune und einzelner Institutionen verschafft und sie dabei unterstützt und begleitet, diese kritisch auszuwerten. Es erlaubt, eigenen Fragen an die Geschichte nachzugehen und ermöglicht damit eigene Deutungen, Narrationen und Urteile. Das offene Archiv ist damit eine zentrale Grundlage wie Voraussetzung für eine plurale und demokratische Geschichtskultur. Die vielen Beispiele von archivischen Schülerinnen- und Schülerprojekten zeigen, wie junge Leute die Geschichtskultur unseres Landes zu ergänzen, zu bereichern und manchmal auch aufzubrechen vermögen.

Historisches Lernen im Archiv fördert damit zweitens die Mündigkeit. Die Auseinandersetzung mit historischen Quellen, die ja immer auch zeittypische Medien sind, schärft den kritischen Blick für Perspektiven, Intentionen, Aussagewert und Glaubwürdigkeit medial vermittelter Äußerungen. Die an historischen Medien praktizierte kritische Methode stärkt damit nicht nur fachmethodische Kompetenzen, sondern lässt sich auf den Umgang mit gegenwärtigen Medien übertragen. Sie kann somit einen grundlegenden Beitrag für die Ausbildung einer allgemeinen, analogen wie digitalen Medienkompetenz leisten. Archivarbeit fördert somit immer auch mediale Mündigkeit.

Und drittens ermöglicht das Archiv die inhaltliche Auseinandersetzung mit der deutschen Geschichte vor Ort, es erlaubt, den Erfahrungsraum von demokratischen wie anti-demokratischen Bewegungen, von Diktaturen und Demokratien im eigenen Umfeld auszuleuchten und regt damit zu Werturteilen an, fordert sie geradezu heraus. Um es zusammenzufassen: das historische Lernen im Archiv lässt sich als Demokratiebildung durch demokratisches Handeln auf dem Felde des Historischen charakterisieren.[48]

Um diesem Anspruch, Ort demokratischer Bildung zu sein, gerecht werden zu können, bedarf es weiterer Anstrengungen. Dazu gehört auch, den Kreis der archivpädagogischen Zielgruppen deutlich zu erweitern. Noch immer bilden Schülerinnen und Schüler der Gymnasien und der gymnasialen Oberstufe den Hauptstamm. Demokratiebildung im Lernort Archiv muss aber die

---

[47] Clemens *Rehm* spricht in diesem Zusammenhang pointiert von „wertorientierter Bildungsarbeit", *Rehm*, Archiv, wie Anm. 12, S. 90. – Vgl. auch *Rehm*, Gymnasiasten, wie Anm. 39 und zuletzt Jens *Aspelmeier*, Wolfhart *Beck* und Philipp *Erdmann*: Archiv.macht.Demokratie. In: Geschichte in Wissenschaft und Unterricht 73 (2022) S. 245–259.

[48] Vgl. *Beck*, wie Anm. 6, S. 40 f.

gesamte Gesellschaft in den Blick nehmen und damit Schülerinnen und Schüler aller Schulformen und -stufen, von der Grundschule über Haupt-, Real- und Werkreal-, Gemeinschafts- und Sekundarschulen bis hin zu Berufs- und Berufsfachschulen.[49] In diesem Zusammenhang gilt es, eine weitere Aufgabe mutig anzugehen. Wie andere historische Lernorte auch, muss sich das Archiv viel stärker als bisher auf die besonderen Herausforderungen wie Chancen des historisch-politischen Lernens in der Migrationsgesellschaft einstellen. Bereits bei der archivischen Überlieferungsbildung sind die unterschiedlichen Perspektiven der Migrationsgeschichte angemessen zu berücksichtigen. In der archivpädagogischen Vermittlungsarbeit müssen Zugänge zur lokalen, regionalen und deutschen Geschichte gefunden werden, die die unterschiedlichen familiären und kulturellen Erfahrungen aufgreifen und über die historische Erinnerung einen Beitrag zu einer reflektierten Identitätsbildung leisten können.

Dieser kurze Ausblick zeigt, dass aus archivpädagogischer Sicht noch viele Schnittstellen zwischen Archiv und Gesellschaft zu gestalten sind.

---

[49] Vgl. *Rehm*, Gymnasiasten, wie Anm. 40.

Chancen an der Schnittstelle des Unmöglichen – Archive als Kommunikationsorte der Wiedergutmachung

Von Kai Wambach

Meine sehr verehrten Damen und Herren,[1]
lieber Herr Rehm,
ich freue mich und bedanke mich, dass ich heute hier zu diesem besonderen – auch für mich besonderen – Anlass sprechen darf.

„Vertrauen, vermitteln, vernetzen" – das ist das Thema dieser Veranstaltung heute. Und gleichzeitig ist es eine gute Beschreibung dessen, was Archive mit ihrer Arbeit für unsere Gesellschaft leisten. Viel zu häufig begegnen wir ja leider der absurden Vorstellung, Archive – das sind ein Haufen verstaubter, alter Akten in einem dunklen Keller mit wenig Licht, und ab und zu kommt ein Historiker, um sich das anzuschauen. Nein, die Realität ist natürlich gänzlich anders!

Archive, Archivare und ihre Arbeit: das hat vor allem mit Kommunikation zu tun, mit Informationsaustausch und mit Kontakt. Das alles findet zwischen Menschen und für Menschen statt.[2] Und in diesem Kontext sind der Auftrag und die Leistung der Archive mit diesen drei Schlagworten wirklich sehr gut beschrieben: „Vertrauen, vermitteln, vernetzen". Jeden Tag.

Das ist auch – so haben jedenfalls alle meine Kolleginnen und Kollegen im Bundesfinanzministerium und ich das in den nun vergangenen fünf Jahren stark empfunden, – so ziemlich genau das, lieber Herr Rehm, was Sie so den ganzen Tag, und jeden Tag, machen: „Vertrauen, vermitteln, vernetzen".

„Voranbringen"! Das würde in dieser Alliterationskette auch noch sehr gut passen. Nicht nur wörtlich, sondern faktisch. Etwas „voranbringen", lieber Herr Rehm, das können Sie, und in diesem Kontext haben wir uns ja auch vor Jahren kennengelernt.

Deshalb: ein rundum und auch anlassbezogen gut gewählter und gespielter Titel ist das heute – gerade in seiner Doppeldeutigkeit. Und apropos doppel- oder vieldeutige Titel – die Überschrift,

---
[1] Die mündliche Form dieses Textes wurde dem Wortlaut des Vortrags entsprechend weitgehend beibehalten.
[2] Vgl. Andreas *Wirsching*: Das Archiv als Ort der Zeitgeschichte. In: Archivalische Zeitschrift 99 (2022). Festschrift für Margit Ksoll-Marcon, Hg. von Bernhard *Grau*, Laura *Scherr* und Michael *Unger*. Wien/Köln. S. 1093–1099. – Gerald *Maier*: Archive als Orte für Wissenschaft und Forschung. Bestandsaufnahme und Perspektiven am Beispiel des Landesarchivs Baden-Württemberg. In: ebd., S. 649–691, bes. S. 657–662 u. 684–689.

unter der mein Vortrag heute steht, hat auch eine gewisse, ausdeutungsfähige Vielschichtigkeit: *Chancen an der Schnittstelle des Unmöglichen – Archive als Kommunikationsorte der Wiedergutmachung*. Was soll das heißen? Was soll das bedeuten? Wo soll das hinführen?

Wir sprechen bei dieser Veranstaltung viel über Kommunikation. Man teilt sich also etwas mit. Das kann nonverbal geschehen, durch Handlungen, durch passives und aktives Verhalten. Auch darüber sprechen wir gleich. Aber zunächst sprechen wir über verbale Kommunikation, darüber, dass man über etwas im Gespräch ist und im Gespräch bleibt. Und natürlich hat dies mit Sprache zu tun – und in diesem Kontext ist Wiedergutmachung meines Erachtens vieles. Nämlich eindeutig. Und doppeldeutig. Und am Ende auch vieldeutig – und damit schon wieder nicht eindeutig. Sie sehen, es wird kompliziert. Aber der Reihe nach und mit Bezug zum Titel.

Wiedergutmachung und die *Chancen an der Schnittstelle des Unmöglichen*. Unmöglich? Ja? Und dennoch Chancen…? Ausdrücklich ja! Zu möglichen, zukünftigen Chancen durch Kommunikation kommen wir allerdings erst später.

Die Unmöglichkeit ist meines Erachtens selbsterklärend: „Wiedergutmachung nationalsozialistischen Unrechts". Das ist natürlich am Ende nicht möglich – es ist unmöglich.[3] Dies ist selbstverständlich, es ist auch – ich sage jetzt nicht „schon immer", aber ich sage „seit Jahrzehnten" – die klare Position der Bundesregierung zur Wiedergutmachung: Sie ist im Wortsinn nicht möglich.[4] Und es ist wichtig zu betonen, dass dieser Anspruch auch gar nicht gestellt wird. Das ist hervorzuheben, denn immer wieder wird diese Selbstverständlichkeit infrage gestellt.

Als jemand, der seit nun immerhin bald zwölf Jahren in diesem Bereich, der Wiedergutmachung nationalsozialistischen Unrechts, arbeitet, erlebe ich häufig Diskussionen um das *Wort*.[5] Das ist einerseits normal und andererseits – von der Sache her gedacht – schwierig, denn das kann schnell einseitig werden: Es beginnt damit, dass Wiedergutmachung doch eigentlich gar nicht ginge, und das *Wort*, das ginge auch nicht. Und sehr häufig geht es dann nur noch *darum* – dass das nicht geht: das Wort. Und dann geht es meist nur noch um das Wort.

Das ist schade, denn bei allen offensichtlichen Schwächen steckt im Wort natürlich auch ein immanenter Imperativ, über den man viel mehr sprechen sollte: Über die Gestaltung, das Machen. Das aktive Ausfüllen dessen, was Wiedergutmachung – oder präziser der Versuch der Wiedergutmachung – umfasst. Auch in Zukunft. Stattdessen beziehen sich im Kontext alle bekannten

---

[3] Vgl. hierzu auch die Rede Christian Lindners bei der Gedenkveranstaltung „70 Jahre Luxemburger Abkommen" am 15.09.2022 im jüdischen Museum Berlin: https://www.bundesfinanzministerium.de/Content/DE/Standardartikel/Video-Textfassungen/2022/textfassung-2022-09-15-gedenkveranstaltung.html (zuletzt aufgerufen am 13.07.2023).

[4] Vgl. ebd.

[5] Vgl. als ein Beispiel: Robert *Pausch*: Deutsches Tabuwort Reparation. In: Zeit Online, 14.04.2015. https://www.zeit.de/politik/deutschland/2015-04/reparationszahlung-wiedergutmachung-kriegsschuld-deutschland (aufgerufen am 03.01.2024).

Wortspiele und Buchtitel auf das „Wieder gut", und kritisieren und ironisieren es – à la „wieder-gut-gemacht?" oder „alles-wieder-gut?"; die „Wiedergutwerdung der Deutschen" usw.[6]

All dies natürlich Anspielungen auf den in Kindergebeten ausgedrückten, *naiv-trotzigen Anspruch*, wie Ludolf Herbst einmal formulierte, dass es irgendwann doch auch mal gut sein müsste und dass dieses Wort allein deshalb schon *ein Ärgernis* sei.[7] Und dass, wie Aleida Assmann und Ute Frevert schon vor zwanzig Jahren empfanden, der Ausdruck *unerträglich verharmlosend* sei und sich nicht gehöre.[8]

Aus der Perspektive eines, wenn Sie so wollen, Praktikers gebe ich zu: Man stolpert über solch pauschale Einordnungen im ersten Moment schon, denn der Begriff „Wiedergutmachung" ist ja nicht speziell für die Aufarbeitung von NS-Unrecht erfunden worden. Und er ist, das sei ausdrücklich unterstrichen, ganz bestimmt auch nicht für die nachträgliche Verhöhnung der Opfer gedacht. Sondern das Wort existiert im deutschen Sprachgebrauch seit hunderten von Jahren und hat die Bedeutung von „ersetzen", „bezahlen" und „sühnen".[9]

Der leider zuletzt verstorbene großartige Benjamin Ferencz[10] hat hierzu in unserer Dokumentation *Reckonings*[11] als Zeitzeuge gesagt, er hätte bereits am Anfang seiner Ausbildung an der Harvard Law School den ganz einfachen, aber fundamentalen Grundsatz gelernt: Wenn Du

---

[6] Vgl. als Beispiele: Willi *Winkler*: Wiedergutmachungsweltmeister. In: Süddeutsche Zeitung, 17.09.2022. – Anke *Schmeling*: Nicht – Wieder Gut – Zu Machen. Die bundesdeutsche Entschädigung psychischer Folgeschäden von NS-Verfolgten. (Studien und Materialien zum Rechtsextremismus Band 6) Pfaffenweiler 1999. – Manfred *Schmitz-Berg*: Wieder gut gemacht?. Die Geschichte der Wiedergutmachung seit 1945. Düsseldorf 2017. – Eike *Geisel*: Die Wiedergutwerdung der Deutschen. Essays und Polemiken. Berlin 2015. – Andrea *Strutz*: Wieder gut gemacht? Opferfürsorge in Österreich am Beispiel der Steiermark. Wien 2006.

[7] Ludolf *Herbst*: Einleitung. In: Wiedergutmachung in der Bundesrepublik Deutschland. Hg. von dems. und Constantin *Goschler*. München 1989. S. 8.

[8] Aleida *Assmann* und Ute *Frevert*: Geschichtsvergessenheit, Geschichtsversessenheit. Vom Umgang mit der deutschen Vergangenheit nach 1945. Stuttgart 1999. S. 57.

[9] Vgl. Constantin *Goschler*: Schuld und Schulden. Die Politik der Wiedergutmachung für NS-Verfolgte seit 1945. Göttingen 2005. S. 14. – Für einen Überblick über die Begriffsweite von Wiedergutmachung vgl. ebd., S. 11–17. – Hans Günter *Hockerts*: Wiedergutmachung in Deutschland. Eine historische Bilanz 1945–2000. In: VfZ 49 (2001), S. 167–170.

[10] Vgl. zu Benjamin B. Ferencz (1920–2023): Kriegsverbrechen, Restitution, Prävention. Aus dem Vorlass von Benjamin B. Ferencz. Hg. von Constantin *Goschler*, Marcus *Böick* und Julia *Reus*. Göttingen 2019. – Philipp *Gut*: Jahrhundertzeuge Benjamin Ferencz. Chefankläger in Nürnberg und leidenschaftlicher Kämpfer für Gerechtigkeit. München 2020. – Benjamin *Ferencz*: „Sag immer Deine Wahrheit". Was mich 100 Jahre Leben gelehrt haben. München 2020.

[11] Siehe https://reckoningsfilm.org/ (zuletzt aufgerufen am 14.07.2023); „Gedenkjahr der Wiedergutmachung 2022". In: Monatsbericht des BMF Dezember 2022. https://www.bundesfinanzministerium.de/Monatsberichte/2022/12/Inhalte/Kapitel-3-Analysen/3-1-gedenkjahr-wiedergutmachung-pdf.pdf?__blob=publicationFile&v=6.

jemandem Schaden oder Unrecht zugefügt hast, musst Du wenigstens versuchen, es wiedergutzumachen, to make amends: *Fundamental principal of law – it had nothing to do with the Nazis, nothing to do with Germany. It had to do with law and morality.*

Ich finde: Recht hat er – vom Rechtsempfinden her gehört der Versuch der Wiedergutmachung erst einmal dazu.

Und deshalb ist da manchmal und immer mal wieder die spontane Tendenz, sich ob erwähnter, pauschaler Einlassungen auf Konferenzen, usw. intellektuell unverstanden zu fühlen. Das ist die eine Seite. Aber ich sage Ihnen, auch wenn es erst einmal paradox bis ambivalent klingt, mittlerweile ist es gleichzeitig so: Wenn es tatsächlich sonst niemand macht, dann bringe ich selbst das Thema auf. Denn es ist uns sehr bewusst und man kann es nicht oft genug feststellen und gar nicht ernst genug nehmen: Für viele Betroffene, ehemals Verfolgte, Überlebende von NS-Unrecht ist das ein Thema. Dass es nicht im Wortsinn wiedergutgemacht werden kann. Und dass sie empfinden, es würde durch das Wort letztlich zu einer Lossagung von der Verantwortung kommen. Und auch für Ihre Familien und Nachkommen ist das wichtig, dass man das sehr ernst nimmt. Und das ist uns wichtig – in der Gegenwart und in der Zukunft. Und darum müssen und werden wir darüber sprechen, weiterhin sprechen – dass es im Wortsinn in der Tat unmöglich ist, eine wirkliche Wiedergutmachung zu erreichen.

Und dennoch: Wir müssen auch deshalb darüber weiter sprechen, weil das Wort nun mal da ist und wohl auch bleibt. Es ist gewachsen, es ist verfestigt. Es steht mittlerweile auch für etwas, das jeder versteht. Auch das ist wichtig in der Kommunikation.

Begrifflich steht es vor allem als Sammelbegriff, der einen Sachverhaltskomplex umschreibt, für den es keinen anderen Ausdruck gibt.[12] Nicht in der deutschen Sprache, nicht in anderen Sprachen. Vermeintliche Alternativen fallen aus. Sonst müssten wir hierüber nicht immer wieder sprechen.

Entschädigung – funktioniert nicht. Das ist ein Teilaspekt der Wiedergutmachung. Ein rein materiell-rechtlicher Begriff, ein klar definierter rechtlicher Rahmen, Wiedergutmachung umfasst weit mehr als Entschädigung. Und außerdem ist auch nach der Entschädigung der Schaden immer noch da, wenn es nicht nur um Geld oder anderen materiellen Besitz geht. Das trägt also ebenfalls nicht.

Restitution oder Rückerstattung – das Gleiche; nur ein Teilaspekt. Es wird etwas zurückerstattet, aber andere Schadenstatbestände oder weiteres, was durch Wiedergutmachung transportiert wird, ist hiervon nicht umfasst.

---

[12] Schon Otto Küster, der stellvertretende Leiter der deutschen Delegation bei den Verhandlungen in Wassenaar zum Luxemburger Abkommen 1952, hielt in seinem Tagebuch fest, er hätte zu Beginn der Gespräche mit Israel und der Claims Conference *zur juristischen Abdeckung, aber auch zum Ausdruck der Einmaligkeit des uns Obliegenden [...] veranlaßt, daß dieses auch in der englischen Übersetzung als ‚Wiedergutmachung' bezeichnet wird.* Tagebuch Otto Küster, 21.03.1952, ACDP, 01-084-001/1.

Reparation, der Begriff, den die Claims Conference[13] neben vielen anderen in der englischen Sprache verwendet, z. B. *indemnification*, wobei das eher aus der Versicherungswirtschaft kommt… Jedenfalls: *reparation*, – geht auch nicht. Reparation im Deutschen bezeichnet im Völkerrecht eine Regelung zwischen zwei Staaten. Hierum geht es bei der Wiedergutmachung von NS-Unrecht ja gerade nicht – hier sind es individuelle Entschädigungen, vom Staat zur Einzelperson beziehungsweise die staatliche Verantwortungsübernahme für die Verbrechen im Nationalsozialismus – unabhängig, ob Einzelleistungen Personen erreichen können oder nicht. Und auch hier gilt: Man kann Unrecht wie Mord, Folter und Terror ebenso wenig reparieren, also instandsetzen oder in den Originalzustand rückführen, wie man sie wiedergutmachen kann. Das geht nicht. Reparation ist also sowohl fachlich-sachlich als auch inhaltlich keine Alternative. Allerdings, seltsam genug, wird der sachlich genauso falsche Begriff aus der englischen Sprache nie in gleicher Weise und mit gleicher Schlussfolgerung in Frage gestellt.

Was wir auf jeden Fall sehen: Wiedergutmachung – das Wort erzeugt Unwohlsein in uns. Und mit vielen anderen Worten ist das genauso. Die deutsche Sprache kann ganz offensichtlich nicht mit der deutschen Vergangenheit umgehen. Auch hier: Vergangenheitsbewältigung – das geht ebenfalls nicht. Diese Vergangenheit kann nicht in dem Sinne bewältigt werden, dass sie „erledigt", „absolviert" oder gar „gemeistert" ist. Es geht nicht! Und es wird auch in Zukunft nicht gehen. Das kann nicht „abgehakt" werden.

Man kann versuchen, die Vergangenheit aufzuarbeiten. Lieber Herr Rehm, vor gut einem Jahr, bei der Unterzeichnung der Rahmenvereinbarung zum Themenportal Wiedergutmachung auf dem Petersberg bei Bonn[14] haben Sie mit Blick auf die Wiedergutmachung und die späteren Möglichkeiten des Themenportals formuliert, dieses böte Chancen zur „Aufarbeitung der Aufarbeitung". Ganz ehrlich: Das fand ich gut! Das erfüllt sich hoffentlich. Und den Begriff „Aufarbeitung der Aufarbeitung" finde ich auch sehr gut. Aber es beschreibt schon wieder etwas ganz anderes.

Meine Damen und Herren, wissen Sie, was auch „nicht geht"? Schlussstrich.

Auch so ein Wort, das mit Vergangenheit, unserer deutschen Vergangenheit und ja, vor allem auch mit Wiedergutmachung immer wieder in Verbindung gebracht wird,[15] und, doppeldeutig, einfach nicht funktioniert. Es wird keinen Schlussstrich geben. Auch hierüber werden wir in Zu-

---

[13] Bei der im Oktober 1951 gegründeten Conference on Jewish Material Claims Against Germany (Claims Conference oder JCC) handelt es sich um einen Zusammenschluss weltweiter jüdischer Verbände zur Durchsetzung materieller Entschädigungsansprüche gegenüber Deutschland.

[14] Vgl. BMF-Pressemitteilung 16/2022, https://www.bundesfinanzministerium.de/Content/DE/Pressemitteilungen/Finanzpolitik/2022/06/2022-06-01-entwicklungsgeschichte-der-wiedergutmachung.html (aufgerufen am 14.07.2023). – Vergangenheit sichtbar machen https://www.bundesregierung.de/breg-de/suche/themenportal-wiedergutmachung-2047132 (aufgerufen am 14.07.2023).

[15] Vgl. Das Archivierungsprojekt der Wiedergutmachung und seine Bedeutung im Kampf gegen den Antisemitismus. In: Monatsbericht des BMF Dezember 2022. https://www.bundesfinanzministerium.de/Monatsberichte/2021/01/Inhalte/Kapitel-3-Analysen/3-7-archivierungsprojekt-wiedergutmachung-pdf.pdf?__blob=publicationFile&v=4. – Esther *Schapira* und Georg M. *Hafner*: Ist jetzt alles wieder gut?

kunft sprechen müssen. Denn genau das müssen wir für künftige Generationen nachvollziehbar halten. Warum es trotz vieler Forderungen nach einem solchen, trotz der langen Zeit, trotz einer sich ändernden Gesellschaft, trotz „anderer Probleme" und Krisen, etc., eben nicht zum Schlussstrich kam. Sondern im Gegenteil zur immer stärkeren Ausentwicklung. Und dass der Schlussstrich auch in Zukunft nicht kommt.[16] Das muss sorgsam kommuniziert werden, es ist ja kein Naturgesetz, diese Selbst-*Verpflichtung zur materiellen und moralischen Wiedergutmachung*, wie Konrad Adenauer es 1951 vor dem Deutschen Bundestag formulierte.[17] Beides musste sich entwickeln, beides hat sich entwickelt. Wie wird es in Zukunft weitergehen?

Meiner Auffassung nach wird es erstens – Stand heute, 27. April 2023 – keinen Zeitpunkt geben, an dem gesagt werden kann:

- die Wiedergutmachung ist abgeschlossen,
- *Mission accomplished*,
- das Thema ist damit beendet,
- es ist im Wortsinn vollbracht,
- es ist wieder – gut – gemacht. Wir hatten die Wortspiele…
- gut gemacht…

Ich kann das nicht erkennen – ein willentlich oder durch willentliche Unterlassung herbeigeführter Zeitpunkt, ab dem gilt: Ziel erreicht, Wiedergutmachung beendet. Können Sie sich das vorstellen? Das ist weder politisch, noch gesellschaftlich vorstellbar.

In Anknüpfung an den Titel meines Vortrags: Zweitens – und auch hierüber wird zu sprechen sein – denke ich, dass in Wiedergutmachung, in diesem alten deutschen Begriff, diesem Arbeitsbegriff, diesem Verwaltungsbegriff, diesem „unmöglichen" Begriff, auch eine kommunikative Zukunftschance stecken kann, über die man meines Erachtens im Gespräch bleiben sollte. Gerade ob des Aneckens bietet er die Möglichkeit zur Befüllung. Denn nicht nur ist die Wiedergutmachung *ongoing business* bis heute, jetzt gerade, in diesem Moment, mit jährlich mittlerweile rund 1,4 Mrd. Euro Unterstützungsleistungen vielfältigster Natur. Sondern: durch das Wort selbst, Wiedergutmachung, wird letztlich ein aktiver, aktueller, augenblicklicher Prozess beschrieben: *ongoing business*. Niemand kann davon sprechen, er wäre beendet. Das heißt, niemand kann davon sprechen, irgendetwas wäre durch das, was Wiedergutmachung beschreibt, tatsächlich auch

---

Die Schlussstrichforderung. In: haGalil - Antisemitismus ist (k)eine Meinung., https://www.hagalil.com/2020/09/schlusstrich/ (aufgerufen am 14.07.2023).

[16] Vgl. hierzu auch die Reden Olaf Scholz' und Christian Lindners bei der Gedenkveranstaltung „70 Jahre Luxemburger Abkommen" am 15.09.2022 im jüdischen Museum Berlin: https://www.bundesfinanzministerium.de/Content/DE/Standardartikel/Video-Textfassungen/2022/textfassung-2022-09-15-gedenkveranstaltung.html (zuletzt aufgerufen am 14.07.2023); „Kein Anlass zum Feiern". In: Jüdische Allgemeine (22.09.2022).

[17] Stenographische Berichte des Deutschen Bundestages, 1. Wahlperiode, 27.09.1951. S. 6698.

wiedergutgemacht. Oder könnte es in Zukunft sein. Ich gebe allerdings zu, bis es sich hierhin entwickeln konnte, mussten über 70 Jahre vergehen.

Gemessen an der semantischen Bedeutung des Wortes und mit inzwischen erlangter Interpretationstiefe, beschreibt Wiedergutmachung mittlerweile vielmehr einen notwendigerweise immer aktiven und laufenden Prozess. Einen Prozess, der logischerweise kein Ende hat und kein Ende haben kann – weil ansonsten die Wortintention verloren ginge. Das soll jetzt kein linguistischer Taschenspielertrick sein, sondern die Frage ist ja, wie gehen wir mit dieser feststehenden Unmöglichkeit der Erfüllung des unterstellten Wortsinnes und der gleichzeitigen Unmöglichkeit des wie auch immer gearteten Abschlusses der gesellschaftlichen Herausforderung um, die die Wiedergutmachung umfasst und beschreibt und für die es kein anderes Wort gibt. Auch in Zukunft.

Vielleicht hilft der Blick in die Linguistik, da gibt es das Progressiv, oder in der englischen Sprache, das *Progressive*: dabei sein, etwas zu tun. Im Handeln begriffen. Nicht im Begriff, etwas zu tun. Nicht am Ende der Handlung, sondern mittendrin. Sinnigerweise weist das Progressiv vor allem *imperfekte* Aspekte auf… So beschreibt „Wiedergutmachung" gewissermaßen und mit aller Vorsicht eine Sisyphos-Aufgabe: Ein notwendiger, zumindest anfangs nicht gänzlich freiwilliger, vor allem aber immer weiterlaufender Prozess ohne jemaligen Anspruch oder Hoffnung auf reale Zielerfüllung in der Gegenwart und in der Zukunft. Sondern: Gegenwärtige Zeitlichkeit des zielgerichteten Handelns aus (selbst-)verpflichtender Verantwortung mit Anspruch auf eine Zukunft der Handlung.

Das klingt zugegebenermaßen kompliziert, es beschreibt aber genau das, als was es begriffen werden kann. In einem Interview hierauf angesprochen hat unser Minister Christian Lindner im September 2022 zum Begriff und zur Begrifflichkeit der Wiedergutmachung hervorgehoben, es sei unser gesellschaftliches *Motiv des Handelns.*[18] Das beschreibt genau das, was die Wiedergutmachung letztlich heute ausmacht: Im völligen Bewusstsein und Wissen um die Unmöglichkeit der Zielerfüllung ist der gegenwärtige – und damit immer aktive – Begriff Wiedergutmachung das Motiv unseres gesellschaftlichen Handelns, wenigstens den Versuch zu machen. Wiedergutmachung beschreibt die Handlung, nicht das Ergebnis. Es geht um das aktive Handeln, es geht darum, etwas zu tun. Es nicht auf sich beruhen zu lassen – auch in Zukunft.

Ruth Ur, die Geschäftsführerin des Freundeskreises Yad Vashem in Deutschland hat zuletzt in Berlin bei einer Veranstaltung der Berlin-Brandenburgischen Akademie der Wissenschaften[19] zu genau diesem Thema gesagt: *Wiedergutmachung. ‚Wieder' – I am not so sure about that. ‚Gut' – certainly not. But ‚Machung', machen – the active part, that's it!*

---

[18] Motiv des Handelns. Interview mit Bundesfinanzminister Christian Lindner. In: Jüdische Allgemeine (15.09.2023).

[19] Vgl. Pressemitteilung der Berlin-Brandenburgischen Akademie der Wissenschaften 13.03.2023: „70 Jahre Luxemburger Abkommen Internationale Tagung ‚Wiedergutmachung: Auseinandersetzung – Entschädigung – Verantwortung". https://www.bbaw.de/presse/pressemitteilungen/pressemitteilung-70-jahre-luxemburger-abkommen-internationale-tagung-wiedergutmachung-auseinandersetzung-entschaedigung-verantwortung (aufgerufen am 03.07.2023).

Aktivität – darüber müssen wir sprechen. Denn es wird in viel zu naher Zeit niemanden mehr geben, dem gegenüber dieser Versuch der Wiedergutmachung in der bisher meistgeläufigen Form gemacht werden könnte. Das heißt, der materielle Aspekt wird entfallen; bleibt der moralische. Was aber heißt das? Moralische Wiedergutmachung? Nicht endend?

Es bedeutet nicht: nie endende Schuld. Schon in der Gegenwart nicht. Für Sie nicht, für mich nicht, für künftige Generationen nicht. Darum kann es nicht gehen. Denn Schuld ist etwas Persönliches. Nein, es geht natürlich um Verantwortung – denn Wiedergutmachung ist – gesamtgesellschaftlich – nichts anderes: die aktive Übernahme von Verantwortung. Der Versuch, etwas zu tun. Auch in Zukunft.

Wem gegenüber findet das dann statt? Wie sieht das aus? Ich sage ganz offen: Das weiß ich nicht. Ich glaube auch nicht, dass man das so einfach und für Jahrzehnte bestimmen kann. Jede Generation, wir hier beginnend, wird sich mit dieser Frage auseinandersetzen müssen. Immer wieder – zumindest in diesem Jahrhundert. Ich glaube, noch länger. Keine Generation wird das wollen, das ist auch klar. Aber ich wiederhole: Diese Vergangenheit, und die Verantwortung, die aus ihr erwächst und die seit 70 Jahren – ich sage nicht gut, aber ich sage kontinuierlich – wahr- und angenommen wird, die kann nicht „beendet", nicht abgeschüttelt werden. Und ich denke, man kann sie auch nicht abtropfen lassen. Niemand kann die Art der Auseinandersetzung mit Verantwortung und Wiedergutmachung meines Erachtens auf Dauer festlegen. Aber sie wird zwangsläufig stattfinden. Auch dann, wenn Deutschland durch verschiedenste Faktoren wie Migration und nach Jahrzehnten und durch Globalisierung und durch neue Generationen und nach Krisen und vielem mehr nicht mehr mit dem Deutschland von 1952 zu vergleichen ist. Oder 1982. Oder 1992, oder 2002, oder 2022. Das fällt nicht einfach weg.

Es ist ein Prozess aktiver Auseinandersetzung, wie mit diesem Erbe umzugehen ist, dieser aktivsten Ausprägung der Übernahme von Verantwortung für die Verbrechen im Nationalsozialismus. Hier besteht übrigens immer eine große Verwechselungsgefahr: Genau das unterscheidet letztlich die Wiedergutmachung auch von allen Formen der Erinnerungspolitik und -kultur in unserem Land. Das muss man deutlich auseinanderhalten. Zwischen Wiedergutmachung und Erinnerung besteht ein Unterschied. Das meine ich nicht in Kategorien von besser oder schlechter. Aber es ist wichtig, sorgsam zu differenzieren.

Überspitzt gesagt verzweifle ich manchmal ein wenig, wenn Wiedergutmachung in toto unter Erinnerungskultur subsummiert wird – so als wäre sie abgeschlossen... Das kann sie nicht, wir sprachen darüber. Der Unterschied ist: Wiedergut-*machung* ist immer aktiv. Erinnerungspolitik und vielerlei Formen des Erinnerns in Deutschland sind sehr häufig eine sehr passive Angelegenheit. Dabei gibt es so viele großartige Formate und Ideen, aus der Zivilgesellschaft, aus der Forschung, von der Politik, aus der Verwaltung von Bund und Ländern, in Unternehmen, von Organisationen. Aber, und ich drücke das provokativ aus: Erinnern – das kann man machen oder nicht; das kann man lassen oder nicht. Den Versuch der Wiedergutmachung können Sie dagegen nur aktiv ausfüllen.

Wiedergutmachung „aktiviert" auch, denn sind wir mal ganz ehrlich: Die hierin immanente Aufforderung, aktiv etwas zu machen, gesamtgesellschaftlich oder persönlich, triggert auch mehr. Es reizt viel mehr, auch vor allem solche Teile der Gesellschaft, die nichts machen wollen. Wenn man hierüber diskutiert und auch streitet, ist man schon mal im Gespräch. Und wir brauchen dieses Gespräch. Ich bin sicher, wir brauchen auch diese – aktive – Auseinandersetzung.

Ich bleibe in der Überspitzung: Erinnerungspolitik hat bei uns in Deutschland oftmals etwas Ritualhaftes, und dadurch in der Tendenz etwas allzu Unverbindliches.[20] Häufig wird einerseits in eine lange und immer länger zurückliegende Vergangenheit zurückgeblickt und andererseits das seither Erreichte in warmen Worten gelobt: „Das Geschenk der Versöhnung". Das höre ich ganz häufig. Aus Praxissicht der Wiedergutmachung finde ich, das klingt dann auch oft schon so abgeschlossen. Aus dem Kontakt mit Überlebenden heraus: das ist es nicht.

Und bei diesem „Geschenk der Versöhnung", da weiß ich nie, ob wir das anstreben *sollen* oder ob wir es wirklich schon erreicht haben oder ob es überhaupt erreichbar ist, und ob, wenn wir es doch bereits erreicht haben, kommende Generationen sich davon angesprochen fühlen. Aufgefordert fühlen. Erreicht ist erreicht, oder?

Max Czollek, dem ich in seinen Ausführungen, Erkenntnissen und Behauptungen in der Regel nicht folgen kann, schreibt zugespitzt und absichtsvoll, und nichtsdestoweniger anschaulich vom *Versöhnungstheater*[21] und unterstellt im Ergebnis nicht zu Unrecht, häufig habe man in Deutschland unter Auslassung der Gegenwart *Großes mit der Vergangenheit vor* und dafür würde die Erinnerungsarbeit die *Versöhnung zur Voraussetzung* erklären.[22]

Schwierig. Sehr überspitzt natürlich, aber ich überspitze hier ja auch. Ich denke, man muss sorgsam differenzieren: Gegenüber und mit „dem Judentum" beispielsweise würde ich sagen, auf der großen Ebene, auf der Makroebene sozusagen, hat Versöhnung stattgefunden. Ich denke, das kann man sagen. Das sage ich trotz der beunruhigenden, seit Jahren steigenden Anzahl antisemitischer Gewalttaten und Bedrohungen in Deutschland. Nicht zuletzt im Zuge der Corona-Pandemie ist sie in den vergangenen Jahren weltweit gestiegen; nicht nur, aber auch hier in Deutschland. Und es gibt noch mehr Faktoren. Das beunruhigt sehr.[23]

---

[20] Mit *Banalisierung der Vergangenheitsbewältigungsprozesse* bezeichnete Bernhard Schlink die mögliche Abwendung folgender Generationen vom bis dato unterstellten gesetzten Grundkonsens zur Aufarbeitung und Erinnerung der Vergangenheit als gesamtgesellschaftlich notwendig zu vollziehende und immer wieder neu anzunehmende Aufgabe. Hintergrund ist die nur noch ritualhaft vollzogene Abhaltung von Gedenkfeiern und öffentlicher Erinnerungsarbeit, ohne, dass eine persönliche Motivation hiervon ausginge. Vgl. Lucas H. *Meyer*, Gabriel *Motzkin*, Susan *Neiman* und Bernhard *Schlink*: Die Moral der Wiedergutmachung. Ein philosophisches Gespräch. In: Die Globalisierung der Wiedergutmachung. Politik, Moral, Moralpolitik. Hg. von José *Brunner*, Constantin *Goschler* und Norbert *Frei*. Göttingen 2013. S. 319.

[21] Max *Czollek*: Versöhnungstheater. München 2023.

[22] Ebd., S. 15.

[23] Der Vortrag fand fünf Monate vor dem Terror-Angriff der Hamas auf Israel am 7. Oktober 2023 statt. Israels Reaktion hierauf war ein militärischer Gegenschlag gegen die Hamas im Gazastreifen, in dessen Verlauf auch der Versuch unternommen wurde, die über 240 Geiseln, darunter Senioren und Babys, zu befreien. Weltweit kam es hieraufhin zu großen öffentlichen Demonstrationen gegen Israel und zu verba-

Und, auch dies Makroebene, die außergewöhnliche deutsch-israelische Freundschaft, die in vielen Bereichen ein großartiger Ausdruck von Aussöhnung ist, spricht natürlich für sich.[24]

Auf der individuellen Ebene, der Ebene der Betroffenen, der Menschen, die damals verfolgt wurden, finde ich die häufige Betonung des „Geschenks der Versöhnung" schwierig, denn hier wird nach meinem Empfinden gegenüber den Überlebenden mitunter starker Druck aufgebaut. Wiederum zugespitzt formuliert: Die allzu häufige Betonung von Versöhnung als Ziel oder gar als bereits erreichtes Ziel, trägt aus Sicht der Wiedergutmachung in sich ein wenig den Gedanken, dass Betroffene und auch ihre Familien und Nachkommen mit der Vergangenheit, der kollektiv-deutschen und ihrer eigenen, ihren Frieden machen müssten. Oder es im besten Fall bereits getan haben. Und wenn nicht – dann doch bitte bald. Und darum sollte es nicht gehen – das sollte weder bei der Erinnerungspolitik noch bei der Wiedergutmachung das Ziel sein; weder das offizielle, noch das heimliche, das erhoffte, das unterstellte, das vorausgesetzte oder das erwartete.

Nochmal: Es geht – zumindest bei der Wiedergutmachung – um das zielgerichtete Machen, nicht um eine vermeintliche Zielerfüllung. Das Ziel „wieder gut" ist im Wortsinn eben nicht erreichbar. Aber dieses unerreichbare Ziel kann gleichzeitig nicht entfallen: „Motiv des Handelns". Aktive und aktivierende Erinnerung – nicht ritualhafte Erinnerung – wäre insofern eine Folge aktiver Wiedergutmachung.

Meines Erachtens sollte es darum gehen, künftigen Generationen zu vermitteln, weshalb dieses Handeln auch für sie Bedeutung hat, ihnen zu zeigen, was Verantwortung und ihre Ausgestaltung für die Vergangenheit in Deutschland für Auswirkungen hatte, die man in der Gegenwart spürt und die in der Zukunft weiter auszugestalten sind. Anhand der sich immer weiter ausentwickelnden Wiedergutmachung können wichtige auch identitätsgeschichtliche Merkmale unserer Demokratie und Fixpunkte gesellschaftlicher Grundlagen festgemacht und nachvollziehbar nachgezeichnet werden – bis in die Gegenwart und Zukunft. Der wichtigste hiervon betroffene Aspekt ist derjenige der aktiven gesamtgesellschaftlichen Verantwortungsübernahme, der sich gegenüber den individuellen Opfern aber auch *in toto* generationenübergreifend perpetuierte, entwickelte, anpasste und transformierte. Mittlerweile bilden insofern auch auf der Perspektive der Wiedergutmachung basierende Vermittlungswege in vielfacher Hinsicht eine aus sich selbst heraus erwachsende, generationenverbindende Brückenfunktion. Dies erweitert auch den Instrumentenkasten bei Bildungs- und Erinnerungsarbeit.

---

len und tätlichen Übergriffen auf Jüdinnen und Juden. Auch in Deutschland. Die Ereignisse fanden nach dem Vortrag statt, stützen nach Ansicht des Autors allerdings dessen Erkenntnisse und vergrößern seine Besorgnis.

[24] Vgl. für einen Überblick: Michael *Wolffsohn*: Ewige Schuld? 75 Jahre deutsch-jüdisch-israelische Beziehungen. München 2023. – Vgl. für die Komplexität des Versuchs, das Luxemburger Abkommens 1952 als Referenzpunkt von Versöhnung zu verstehen, Constantin *Goschler*: Kein Wunder der Versöhnung. In: Die Zeit (01.09.2022).

Aktive „Verantwortung" und ihre Ausgestaltung ist zielführender als „Schuld": sie ist nicht personen- oder vergangenheitsgebunden, beschreibt (schonungslos) die demokratie- wie identitätsgeschichtliche Genese von Staat und Gesellschaft und ist generationen- wie herkunftsungebundenes duratives Handlungs- und Haltungskontinuum. In diesem Sinne ist Wiedergutmachung sowohl konstitutiv für unser Land als auch konstruktiv für die Vermittlung an kommende Generationen in diesem Land.[25] Das aber gelingt nur, wenn man es persönlich macht. Doppelt persönlich. Und das wiederum gelingt nur, indem man – weiter – darüber spricht, inklusive aller Unmöglichkeiten und Möglichkeiten.

Das gelingt nur durch Kommunikation, und die gelingt in Zukunft letztlich nur mit Hilfe der Archive. Nur mit Hilfe der Archive werden wir vermitteln können, worum es geht. Nur mit Hilfe der Archive werden künftige Generationen die Chance haben, nachzuvollziehen. Denn hier „liegt" in Form von Akten, Dokumenten und Unterlagen und anderer Überlieferungen die umfassende Vergangenheit der Wiedergutmachung nationalsozialistischen Unrechts und ein gutes Stück weit die Zukunft. Eine mögliche Zukunft von Wiedergutmachung.

Um dies mal ganz praktisch aufzuzeigen: Das Bundesministerium der Finanzen hat zuletzt die Ausstellung *16 Objekte* im Deutschen Bundestag unterstützt.[26] 16 Objekte, je eines aus jedem deutschen Bundesland, die einst Verfolgten der Shoah gehörten und später nach Israel kamen, und die mit dieser einzigartigen Ausstellung erstmals aus der israelischen Gedenkstätte Yad Vashem nach Deutschland zurückkehren. Dass dies möglich wurde, war das Ergebnis von Gesprächen mit den Menschen, denen die Objekte einst gehörten oder mit deren Familien. Und als sich abzeichnete, dass diese Objekte im Rahmen der Ausstellung nach Deutschland kommen sollten, da zeigte sich, wie viele offene Wunden noch existieren. Bei den Opfern selbst, aber auch bei deren Kindern und Enkeln.

Wir sind uns dessen, glaube ich, viel zu häufig nicht bewusst – dass diese Wunden existieren, wie tief sie sind, wie weit sie gehen, auch in den Familien. Was stattfand, war eine ernsthafte und schmerzhafte Auseinandersetzung über die Rückkehr dieser Alltagsgegenstände, die so viel symbolisieren, die so viel Bedeutung und Tiefe haben, nach Deutschland. Teilweise war dies verbunden mit einem erstmaligen Besuch Deutschlands durch die Angehörigen und Nachkommen, die das für sich zuvor immer kategorisch ausgeschlossen hatten. Über Jahrzehnte. Und am Ende – so wurde uns berichtet – konnten durch die Auseinandersetzung, durch die Konfrontation,

---

[25] Die Instrumente, dies zu tun, gleichen sich von verschiedenen Richtungen her an. Ob Bildungsprojekte über den Holocaust aus der Perspektive der Wiedergutmachung, aus der Gedenk- und Erinnerungsarbeit oder ganz allgemein aus der Verantwortungsübernahme für die Verbrechen von NS-Deutschland gedacht werden – am Ende gibt es eine Konvergenz. Die Zukunftsaufgaben der Wiedergutmachung, die sich aus der aktiven Übernahme der Verantwortung über das letzte Jahrzehnt bisher herausgebildet haben, werden somit die bestehenden Erinnerungs- und Bildungsaufgaben um wichtige demokratiegeschichtliche Komponenten und Perspektiven ergänzen.

[26] Siehe https://www.bundestag.de/ausstellung-yad-vashem; https://www.yadvashem.org/de/artifacts/featured/sechzehn-objekte.html (zuletzt aufgerufen am 14.07.2023).

durch das gegenseitige menschliche Interesse, auch Wunden innerhalb der Familien ein klein wenig geheilt werden. Ich glaube, das ist auch eine Form von Wiedergutmachung: Sich all dieser Wunden gewahr zu sein, die immer noch nicht ausheilen wollen oder können. Oder werden. Auch in Zukunft. Und zu verstehen.

In einem Interview auf Phoenix hat Bundesminister Lindner geäußert, wenn es keine Überlebenden, keine Zeitzeuginnen und Zeitzeugen mehr gäbe, werde die Wiedergutmachung – wie übrigens auch die Erinnerung – neu begründet werden müssen.[27] Hierfür ist es wichtig zu wissen, worauf sie gründet, was sie ist, wie sie sich entwickelte, was sie mit den Menschen machte, was sie für die Menschen machte, was die Menschen mit ihr machten. All das wird nur mit Hilfe der Archive gelingen. So wie mit den Objekten aus den Archiven Yad Vashems bei der Ausstellung *16 Objekte*.

Künftige Generationen brauchen das Wissen und das Anschauungsmaterial, um diesen Prozess nachvollziehen und für sich annehmen oder ablehnen zu können. Sie werden sich damit auseinandersetzen müssen, sie müssen wissen können, worum es geht. Sonst können wir sie nicht in die Pflicht nehmen, dann brauchen wir auch nichts neu begründen. Sie müssen etwas machen, aktiv. Sie sollen sich nicht nur an die Vergangenheit anderer erinnern, ohne Zugang dazu, weshalb das für sie in der deutschen Gesellschaft der kommenden Jahrzehnte, im Deutschland der kommenden Jahrzehnte, von Bedeutung ist. Sie müssen den Zusammenhang erkennen können zur Verantwortung, zur Entwicklung, zur Bedeutung: den sich entwickelnden Zusammenhang zwischen Vergangenheit, Gegenwart und Zukunft.

Hier ist Wiedergutmachung ein forderndes Bindeglied – als Teil der deutschen Demokratiegeschichte. Sie steht für Übernahme von Verantwortung. Sie ist Übernahme von Verantwortung – positiv wie negativ. Sie ist Teil der deutschen Demokratiegeschichte und der gewachsenen Identität. Das zeigen die Akten der Wiedergutmachung. Sie geben Zugang hierzu. Sie geben auch Zugang zu den Menschen – und ihren Schicksalen bis 1945. Sie geben aber noch mehr, und auch das geht über reine Erinnerung hinaus: Mit diesen Akten können Sie zeigen, was nach 1945 geschah. Das ist keine Vergangenheit, das reicht Jahre und Jahrzehnte weiter, das reicht weiter bis heute.

Mit den Akten der Wiedergutmachung kann man das Leben *nach* den Verbrechen zeigen. Man kann auch zeigen, wie dieses Land – unser Land, das Land künftiger Generationen – sich seiner Vergangenheit versucht hat zu stellen. Oder sich in vielen Fällen auch nicht gestellt hat, und was das für die Menschen, die Betroffenen hieß. Oder wie es sich nur scheibchenweise stellte, und was das immer wieder für die Menschen hieß – negativ wie positiv.

Oder man kann zeigen, wie es sich auch einmal – mit aller Vorsicht – „vorbildhaft" seiner Vergangenheit stellte. Auch diese Fälle gibt es ja, natürlich. Es sind keine Paradefälle, es ist alles keine Erfolgsgeschichte, und soll auch nicht so aufgefasst werden. Aber das gehört eben auch zur Entwicklungsgeschichte der Wiedergutmachung dazu.

---

[27] Vgl. Interview Christian Lindner, 13.02.2022, https://www.phoenix.de/bundesversammlung-a-2505863.html?ref=suche (zuletzt aufgerufen am 14.07.2023).

Auf diese Art und Weise der Betrachtung kommen wir ein ganzes Stück in die Gegenwart. Denn wir sehen: diese Menschen, die von der Wiedergutmachung betroffen waren und sind, die Überlebenden – auch sie Opfer, aber Überlebende! Sie lebten weiter, bis heute, und sie bekamen Familien. Noch mehr Leben! Und an dieser Stelle: Ihre Familien, nicht nur die Überlebenden selbst, prägt *auch*, wie Deutschland sich – bezogen auf den jeweiligen Entschädigungsfall, aber auch insgesamt – seiner Vergangenheit stellte, stellt und stellen wird. Auch das gilt es zu bedenken, auch das hört nicht auf.

Die Nationalsozialisten haben versucht, ihre Opfer zu entmenschlichen, sie zu Nummern zu degradieren, wenn überhaupt. Sie wollten ihr Leben und jede Erinnerung an sie endgültig auslöschen. Die Überlebenden aber haben – überlebt! Sie haben Familien gegründet, mit ihren Traumata leben müssen, weitergelebt. Ist es da nicht auch eine Form – nicht abzuschließender – Wiedergutmachung, dass wir nicht aufhören, über diese Menschen zu sprechen? Über ihr Leben? Vor, während, nach der Verfolgung? Vor allem auch nach der Verfolgung? Und darüber nicht vergessen, dass „die Vergangenheit" nicht 1945 aufhört?

Dass es eben nicht um die Kategorie „Schuld" geht, die so leicht abweisbar ist. Sondern um Verantwortung, die bis in die heutige Zeit reicht und die jeden angeht, der in diesem Land lebt? Dass diese Verantwortung, und wie wir sie annehmen und ausgestalten, Auswirkungen auf die Entwicklung unserer Gesellschaft, unseres Zusammenlebens und unserer Identität bis heute hat? Dass wir sie deshalb aktiv ausgestalten müssen?

Insofern – und jetzt komme ich zum Titel des Vortrags zurück – sehe ich die Archive, mit Akten solchen Inhalts, die über die Menschen selbst, über ihr Schicksal, ihr Leben, und über den gesellschaftlichen Umgang mit ihnen über die Jahrzehnte hinweg in so vielfacher und vielfältiger und ein- und vieldeutiger Weise berichten, als Schnittstellen an. Als Schnittstellen, die Kommunikation von der Vergangenheit in die Gegenwart und für die Zukunft gewährleisten. Als Schnittstellen, die auch die feststehende *Unmöglichkeit* einer Wiedergutmachung im Wortsinn – vielleicht – in eine *Chance* der dauerhaften gesellschaftlichen Selbst-Vergewisserung und Neuentwicklung der Wiedergutmachung für die Zukunft gewährleisten können. Als Schnittstellen, die durch ihre passiven und aktiven Eigenschaften als Kommunikationsorte dienen, an die Menschen gelangen, die auf der Suche sind, die Fragen an die Vergangenheit haben, die Erkenntnisse für die Gegenwart erhoffen, die hierüber ins Gespräch kommen, und die mit anderen Menschen hierüber weiter kommunizieren.

Damit das alles in Zukunft und für die Zukunft hoffentlich noch besser, noch umfassender, und noch kommunikativer passieren kann, wurde vor einigen Jahren die Idee des Themenportals Wiedergutmachung entwickelt.[28] Damit komme ich natürlich auch, jeder hier weiß das, zu Ihnen zurück, lieber Herr Rehm. Ich mache das aber ganz kurz.

Auch das Themenportal ist eine Art Schnittstelle, aber eher in der Funktion der Nahtstelle, wo die Archive und ihre Inhalte aufgeführt werden – als eine Art digitaler Meta-Ort, der auf verschie-

---

[28] http://www.themenportal-wiedergutmachung.de (aufgerufen am 03.07.2023).

dene Weise zur Orts- und Positionsbestimmung dienlich sein wird. Das wird uns in den nächsten – ich sage mal ganz optimistisch – Jahren sehr viel Kraft, sehr viel Ausdauer, sehr viel Kreativität, sehr viel *Geduld*, sehr viel Hingabe, und sehr viel Mut kosten, dieses Themenportal. Das gilt für die Archive, das gilt für das Bundesfinanzministerium und das gilt, wenn ich nicht eben zu dick aufgetragen habe, auch ein Stück weit für unsere Gesellschaft. Ohne das alles wird es nicht gelingen.

Vor diesem Hintergrund kann ich nur sagen, lieber Herr Rehm, auch wenn der Ruhestand ohne jeden Zweifel hochverdient ist: Sie werden fehlen! Denn ohne Sie und Ihren Einsatz für das Themenportal, Ihre Kraft, Ihre Ausdauer und Ihre Kreativität, Ihre Hingabe, und ich sage ausdrücklich: Ihren *Mut*, wären wir heute mit dem Themenportal noch nicht da, wo wir bereits sind. Und die „Geduld", die habe ich ganz bewusst ausgelassen. Das war Absicht, die pure Absicht, denn geduldig waren Sie nicht, Herr Rehm, und das war gut! Denn gerade das hat unser Vorhaben bis jetzt hervorragend vorangebracht. Deshalb: wir fordern von allen Geduld ein, aber ich verspreche, wir bleiben ungeduldig.

Vielen Dank!

Beispiel Heimerziehung – Personenbezogene Recherchen als Beitrag der Archive zur Aufarbeitung von Unrecht

Von Katharina Tiemann

Auf der Grundlage institutionen- und personenbezogener Recherchen in Archiven begann in der 2. Hälfte des 20. Jahrhunderts die Aufklärung von NS-Verbrechen. Dabei wertete vor allem die wissenschaftliche Forschung personenbezogene Quellen aus, die das Schicksal verfolgter und ermordeter Menschen belegen, u. a. Jüdinnen und Juden, kranke und behinderte Menschen, politisch Verfolgte, um nur einige wenige Gruppen zu nennen.

Zwangsarbeit

Personenbezogene Recherchen in Archiven waren demnach grundsätzlich nicht neu. Neu war, dass mit dem Anspruch auf Entschädigung für NS-Zwangsarbeiter:innen ab dem Jahr 2000 die Archive erstmals in großem Umfang Anfragen Betroffener, zumeist durch sogenannte Partnerorganisationen vermittelt, auf der Suche nach Nachweisen für erlittenes Unrecht erreichten.[1] Die Quellenlage in den Archiven erwies sich zunächst als wenig transparent, zersplittert und lückenhaft. Zwangsarbeit für mehrere Millionen Menschen aus dem Ausland hatte bis dato weder bei der Überlieferungsbildung noch bei der Erschließung im Fokus der Archive gestanden. Quellenrecherche und wissenschaftliche Aufarbeitung wurden fortan verstärkt betrieben. Bundesweit wurden sogenannte Clearingstellen zur Bündelung und Weiterleitung von Anfragen an die Archive eingerichtet.

Ich habe bewusst die Entschädigung der Zwangsarbeiter:innen an den Anfang meiner Ausführungen gestellt. Begleitet von Forschungsprojekten trugen Archive mit ihren intensiven Recherchen maßgeblich dazu bei, dass das millionenfach erlittene Unrecht anerkannt und den noch lebenden Betroffenen eine Entschädigung zuerkannt wurde.

Zur Bedeutung der Archive im Zuge des Aufarbeitungsprozesses kamen auch deutliche Worte aus der Politik. In einem Grußwort zur Eröffnung der wissenschaftlichen Tagung *Zwangsarbeit in Deutschland* am 26. und 27. März 2001 in Bochum äußerte sich der damalige Minister für Städtebau und Wohnen, Kultur und Sport des Landes NRW, Dr. Michael Vesper, wie folgt: *Durch die aktuellen Entwicklungen hat die Arbeit der Archive eine neue politische Bedeutung erhalten.*

---

[1] Durch das Gesetz zur Errichtung einer Stiftung „Erinnerung, Verantwortung und Zukunft" vom 11. August 2000 (BGBl. 2000 I 1263 ff., geändert durch das Erste Änderungsgesetz vom 4. August 2001, BGBl. 2001 I 2036 f., im Folgenden „Stiftungsgesetz" EVZStiftG) wurde die Stiftung ins Leben gerufen.

*Archive dokumentieren nicht nur Geschichte, sondern tragen auch zur Rechtssicherheit in der Demokratie bei. Wenn es die Archive nicht gäbe, wären wir nicht im Stande, uns zu erinnern. Den heute noch lebenden Zwangsarbeitern könnte nur schwer zu ihrem Recht geholfen werden. So wird in der aktuellen Situation die grundlegende Bedeutung der Archive als Garanten des Rechtsstreites besonders augenfällig. […] Wie schon das Beispiel der Zwangsarbeiterproblematik verdeutlicht, ist es der Landesregierung bewusst, dass die Archive bei der Sicherung und Präsentation von Informationen und Daten eine wichtige Rolle in der Gesellschaft spielen werden.*²

Die Ausführungen Vespers machen deutlich, dass die aktive Rolle der Archive bei der Aufarbeitung von Unrecht dazu führt, Funktion und Bedeutung von Archiven für die Gesellschaft anders wahrzunehmen: Archive werden nicht mehr nur als kulturbewahrende, sondern auch als rechtsbewahrende Institutionen gesehen, die einen konkreten Nutzen für Menschen haben können. Damit wird indirekt bereits 2001 die Funktion des Archivs als *Bürgerarchiv* umschrieben, auch wenn der Begriff zu dieser Zeit noch nicht geläufig war.³

Auftakt: Runder Tisch Heimerziehung

Unbarmherzige Schwestern. Priester und Nonnen misshandelten in den fünfziger und sechziger Jahren Tausende Jugendliche, die ihnen in Heimen anvertraut waren. So lautete die Überschrift des Artikels von Peter Wensierski 2003 im Nachrichtenmagazin *Der Spiegel*, der über Misshandlungen von Kindern in Heimen in den 1950er- und 1960er-Jahren, die mangelnde Aufklärungsbereitschaft der damaligen Akteurinnen und Akteure sowie die Entschlossenheit der Betroffenen, für eine Wiedergutmachung zu kämpfen, berichtete und damit die öffentliche Auseinandersetzung mit der Heimerziehung maßgeblich beförderte.⁴

Das Thema war in der Öffentlichkeit angekommen und zog maßgebliche Entwicklungen nach sich: Petitionen Betroffener an den Deutschen Bundestag im Jahr 2006 bewirkten die Anerkennung des erlittenen Unrechts und Leids und führten zur Einrichtung des Runden Tisches *Heimerziehung in den 50er und 60er Jahren*, der sich, ausgestattet mit einem umfassenden Aufgaben-

---

2   Michael *Vesper*: Grußwort. In: Zwangsarbeit in Deutschland 1939–1945. Archiv- und Sammlungsgut, Topographie und Erschließungsstrategien. Hg. von Wilfried *Reininghaus* und Norbert *Reimann*. Bielefeld 2001. S. 7–8.
3   Zum Thema vgl. u. a.: Felix *Teuchert*: Rechte der Bürger*innen und berechtigte Belange der Betroffenen als Ziel der Überlieferungsbildung. Überlegungen zum archivischen Umgang mit aus persönlichen Gründen wichtigen Unterlagen. Transferarbeit im Rahmen der Ausbildung für den höheren Archivdienst, 53. Wissenschaftlicher Lehrgang an der Archivschule Marburg. 2020. S. 30. https://www.landesarchiv-bw.de/media/full/71515 (aufgerufen am 28.07.2023).
4   Peter *Wensierski*: Unbarmherzige Schwestern. In: Der Spiegel 21 (2003). https://www.spiegel.de/panorama/unbarmherzige-schwestern-a-00149520-0002-0001-0000-000027163301?sara_ref=re-xx-cp-sh (aufgerufen am 28.07.2023). Im Jahr 2006 folgte sein Buch *Schläge im Namen des Herrn: Die verdrängte Geschichte der Heimkinder in der Bundesrepublik*. München 2006.

katalog, im Februar 2009 konstituierte und 2010 seinen Abschlussbericht vorlegte.[5] Von 2012 bis 2018 existierten zwei Fonds Heimerziehung (BRD und DDR) als ergänzende Hilfesysteme für ehemalige Heimkinder.[6] 2017 wurde zusätzlich die Stiftung *Anerkennung und Hilfe* gegründet, da Leid und Unrecht, das Kindern und Jugendlichen in stationären Einrichtungen der Behindertenhilfe und der Psychiatrie widerfahren war, zunächst keine Berücksichtigung gefunden hatte.[7] Parallel zur Errichtung des Fonds Heimerziehung nahmen ab 2012 die regionalen Anlauf- und Beratungsstellen in allen Bundesländern ihre Arbeit auf.

Erlittenes Unrecht sollte auch mit Hilfe von Quellen aufgearbeitet werden. Der *Runde Tisch Heimerziehung* hatte in seinem Abschlussbericht bereits Empfehlungen u. a. zur Sicherung und Nutzung von Quellenmaterial abgegeben.[8] Damit rückten Archive erneut in den Fokus. Neu war, dass neben der Forschung die Betroffenen selbst zur Nutzergruppe wurden. Standen zunächst die Nachweise von Heimerziehung im Vordergrund, wurde schnell deutlich, dass die Betroffenen auch ihre eigene Lebensgeschichte entdecken und aufarbeiten wollten, über die sie bis dato entweder unzureichend oder falsch informiert waren und in der Regel kaum persönliche Unterlagen besaßen.

Organisatorische Rahmenbedingungen

Bei meinen Ausführungen beziehe ich mich aus naheliegenden Gründen auf die Situation in Westfalen-Lippe und in Baden-Württemberg.

Die Anlauf- und Beratungsstelle für den Landesteil Westfalen-Lippe wurde im LWL-Landesjugendamt angesiedelt und hatte umfassende Aufgaben: Neben der Gewährung von Leistungen unterstützten sie die Betroffenen bei der Suche nach Belegen über die Heimunterbringung und weiteren Unterlagen und vermittelten Beratungs- und Therapieangebote. Zum Landschaftsverband Westfalen-Lippe (LWL) muss man in diesem Zusammenhang wissen, dass das Landesjugendamt zur fraglichen Zeit für die Durchführung der Fürsorgeerziehung und der Freiwilligen Erziehungshilfe zuständig war. Dies betraf rund die Hälfte der Unterbringungsfälle. Daneben unterhielt der LWL selbst vier eigene Heime. Zwischen 1961 und 1990 oblag dem Landesjugendamt zudem die Heimaufsicht über alle Einrichtungen, unabhängig von der Trägerschaft. Insge-

---

[5] Abschlussbericht des Runden Tisches Heimerziehung in den 50er und 60er Jahren. Berlin 2020. https://www.agj.de/fileadmin/files/publikationen/RTH_Abschlussbericht.pdf (aufgerufen am 28.07.2023).

[6] Informationen zum Fonds Heimerziehung: https://www.bmfsfj.de/bmfsfj/themen/familie/chancen-und-teilhabe-fuer-familien/fonds-heimerziehung/fonds-heimerziehung-137670 (aufgerufen am 28.07.2023).

[7] Informationen zur Stiftung Anerkennung und Hilfe: https://www.bmas.de/DE/Soziales/Soziale-Entschaedigung/Stiftung-Anerkennung-und-Hilfe/stiftung-anerkennung-und-hilfe.html (aufgerufen am 28.07.2023).

[8] Empfehlungen des Runden Tisches Heimerziehung zur Akteneinsicht durch ehemalige Heimkinder, in: Abschlussbericht des Runden Tisches *Heimerziehung in den 50er und 60er Jahren*. Berlin 2020. Anhang S. XVII–XXII.

samt eine Konstellation – eine Anlaufstelle beim „Mittäter" –, die im ersten Jahr ihres Bestehens für viel Kritik sorgte, dann jedoch kein Thema mehr war, da sich die Betroffenen beim engagierten und kenntnisreichen Fachpersonal der Anlauf- und Beratungsstelle sehr gut aufgehoben fühlten.

In Baden-Württemberg gestaltete sich die Situation anders. Parallel zur Anlauf- und Beratungsstelle, die beim Kommunalverband für Jugend und Soziales angesiedelt war, wurde eine Projektstelle *Archivrecherchen und historische Aufarbeitung der Heimerziehung zwischen 1949 und 1975* – finanziert vom Sozialministerium Baden-Württemberg – beim Landesarchiv eingerichtet mit dem Schwerpunkt, Betroffene bei der Recherche zur eigenen Heimunterbringung individuell und durch Recherchehilfsmittel zu unterstützen sowie die Forschung und ihre Vermittlung voranzutreiben.[9] 2019 ging als Reaktion auf die Gründung der Stiftung *Anerkennung und Hilfe* ein weiteres Drittelmittelprojekt an den Start. Beide Projekte, die äußerst engagiert und fachkundig realisiert wurden, fanden bundesweit viel Anerkennung und Wertschätzung: bei den Betroffenen, im Rahmen der Tagung der Aufarbeitungskommission „Aufarbeitung, Akten, Archive – Zum Umgang mit sensiblen Dokumenten" am 30. Juni 2022 in Berlin sowie in Archivkreisen.[10]

Herausforderungen

Betroffene als (neue) Nutzergruppe

Im Umgang mit personenbezogenen Recherchen haben Archive über einen langen Zeitraum eine große Routine entwickelt, und doch gestaltet sich der Kontakt mit Betroffenen auf der Suche nach einem Lebensabschnitt, zu dem es sonst keinerlei Unterlagen gibt, deutlich anders, vor allem auch dann, wenn Leiderfahrungen in öffentlichen Einrichtungen prägend waren. Für die meisten ehemaligen Heimkinder galt, dass sie bis dato nicht mit Archiven in Berührung gekommen und daher mit Funktion und Arbeitsweise von Archiven nicht vertraut waren, gepaart zuweilen auch mit einer gewissen Behördenferne bzw. Skepsis, aber verbunden mit einer großen Erwartungshaltung, nicht nur Dokumente aus der fraglichen Zeit zu finden, sondern auch das erlittene Unrecht dokumentiert zu finden. In Einzelfällen machten wir im Archiv LWL die Erfahrung, dass Betroffene, nachdem sie ihre Unterlagen eingesehen hatten, sich gegen eine dauerhafte Archivierung aussprachen. In ausführlichen Gesprächen konnten die Vorbehalte gegen eine Archivierung abgebaut werden.

---

[9] Umfassende Informationen zur Aufarbeitung von Heimerziehung in Baden-Württemberg: Nastasja *Pilz*: Das Projekt Heimerziehung in der Rückschau – Einordnung und Bilanz. In: Heimkindheiten, https://www.leo-bw.de/themenmodul/heimkindheiten/aufarbeitung/aufarbeiten-im-archiv/das-projekt-heimerziehung-in-der-ruckschau, Stand: 14.06.2023 (aufgerufen am 28.07.2023).

[10] Archive und Aufarbeitung sexuellen Missbrauchs. Hg. von Sabine *Andressen* und Johannes *Kistenich-Zerfaß* (Arbeiten der Hessischen Historischen Kommission Neue Folge Band 41). Darmstadt 2020.

Die Quellenlage

Ähnlich wie bei der Aufarbeitung der Zwangsarbeit erwies sich die Quellenlage als intransparent und lückenhaft. Unterschiedliche Behörden – staatlich wie kommunal – wirkten bei der Zuweisung in Heime und der Heimaufsicht mit. Der überwiegende Teil der Heime war konfessionell geführt, deutlich weniger waren in öffentlicher Trägerschaft. Anzunehmen war, dass Unterlagen aus Verwaltungen und Einrichtungen den Archiven bereits angeboten worden waren, es konnte jedoch nicht ausgeschlossen werden, dass sich auch noch Unterlagen in den Registraturen vor Ort befanden. Zum Zeitpunkt der Bewertungsentscheidung bei Unterlagen aus den 1950er- und 1960er-Jahren war in der Regel für die Archive nicht absehbar, dass sie für die Aufarbeitung von Missbrauch und Gewalt in Heimen einmal von hoher Relevanz sein können. So wurde diese Quellengruppe – zumeist massenhaft gleichförmige Einzelfallakten – nicht selten kassiert oder in Auswahl übernommen.[11] Für Einrichtungen in nichtöffentlicher Trägerschaft war bzw. ist oftmals wegen fehlender Anbietungspflicht gar kein Archiv zuständig. Nach Ablauf von Aufbewahrungsfristen bleibt es ihnen überlassen, wie sie weiter mit den Akten verfahren.

Nachdem stichprobenartige Recherchen ergeben hatten, dass in Verwaltungen und Einrichtungen noch Unterlagen vorhanden waren, forderte der *Runde Tisch Heimerziehung* die zuständigen Stellen der Länder und Kommunen auf, für die ihnen nachgeordneten Einrichtungen einen Aktenvernichtungsstopp zu verhängen. Träger kirchlicher Einrichtungen und freie Träger sollten ebenso vorgehen.[12] Das LWL-Landesjugendamt hatte bereits im Jahr 2003 die mit dem Archiv LWL abgesprochene routinemäßige Aktenvernichtung gestoppt. 2007 gab der LWL eine wissenschaftliche Dokumentation zur Heimerziehung in Auftrag, die die Rolle der LWL untersuchte und gleichzeitig eine Quellenübersicht bot.[13]

Nutzung

Bei allem Bemühen der Archive, durch Onlinestellung von Findmitteln und, im Idealfall, digitalisierter Quellen sowie breitgefächerter Öffentlichkeits- und Bildungsarbeit Informationen zur Verfügung zu stellen, fällt im Archivalltag zunehmend auf, wie schwierig es ist, Nutzerinnen und Nutzern auf der Suche nach Informationen das Provenienzprinzip zu vermitteln. Dies gilt teilweise ebenfalls für Nachwuchswissenschaftlerinnen und Nachwuchswissenschaftler. Auch sind, entgegen weitverbreiteter Annahmen, nicht alle Archivalien digitalisiert und im Netz verfügbar!

---

11 In den 1980er-Jahren wurden die FE- und FEH-Akten des LWL-Landesjugendamtes vom Archiv LWL als Typus Massenakte eingestuft und in Auswahl (jede 10. Akte) übernommen. Eine mögliche spätere Nutzung wurde, wie in den meisten Archiven, nicht in Erwägung gezogen.
12 Empfehlungen des Runden Tisches *Heimerziehung*, wie Anm. 8, Anhang S. XVIII.
13 Quellen zur Geschichte der Heimerziehung in Westfalen 1945–1980. Hg. von Matthias *Frölich* (Forschungen zur Regionalgeschichte 66). Paderborn 2011.

Für eher archivferne Menschen, und damit für die ehemaligen Heimkinder, war es, auch vor dem Hintergrund der undurchsichtigen Quellenlage, schier unmöglich, sich allein zurechtzufinden. Die Schwierigkeiten bestanden vor allem darin: das zuständige Archiv zu ermitteln; mit Widerständen seitens der Einrichtungen umzugehen, die insbesondere für die Anfangszeit der Recherchen vor allem in konfessionellen Einrichtungen prägend waren; sofern Unterlagen überhaupt noch vorhanden waren, eventuell nicht die Informationen zu finden, die man erhofft hatte, beispielsweise Belege für erlittene Gewalt.

In Westfalen-Lippe übernahmen Kolleginnen und Kollegen der Anlauf- und Beratungsstelle beim LWL-Landesjugendamt sehr engagiert und kenntnisreich die Recherche. Im Landesjugendamt befanden sich selbst noch umfangreiche Aktenbestände sowie Aufnahmebücher und Karteien als wichtige Recherchehilfsmittel. Knapp 6.000 Akten der Fürsorgeerziehung (FE), der Freiwilligen Erziehungshilfe (FEH) sowie Einzelfallakten aus zwei Heimen waren bereits im Archiv LWL archiviert. Da mit zahlreichen Anfragen zu rechnen war, wurden die Bestände im Archiv LWL schnellstmöglich erschlossen, auf Anfrage digitalisiert und ggf., zum Schutze Dritter, mit Schwärzungen zur Verfügung gestellt. Nur relativ wenige Anfragen erreichten das Archiv LWL direkt. Der intensivste Kontakt der Betroffenen bestand mit den Kolleginnen und Kollegen der Anlauf- und Beratungsstelle, die für die Anfragenden die Recherchen durchführten. Im Rahmen der Beratungsfunktion des LWL-Archivamtes wurden Workshops für Kommunalarchive angeboten, um diese für das Thema umfassend zu sensibilisieren.

Die Aktivitäten im Rahmen des Projektes beim Landesarchiv Baden-Württemberg gingen deutlich darüber hinaus. Durch die Anbindung des Projektes an ein professionelles Archiv war neben der individuellen Recherche die Nachnutzbarkeit der erforschten Informationen ein weiterer wichtiger Arbeitsschwerpunkt. Wie auch in Münster wurden die zum Teil traumatisierten Betroffenen bei ihrer Suche nach relevanten Quellen vertrauensvoll und weitreichend unterstützt: relevante Akten wurden beschafft – teilweise mit größerem Erfolg als durch die Betroffenen selbst –, bei der Einsichtnahme wurden sie begleitet mit der Möglichkeit, die teils schwer zu verkraftenden Informationen historisch zu kontextualisieren, die Notwendigkeit von Teilschwärzungen zu erläutern etc. Im Unterschied zum Aufgabenspektrum der Anlauf- und Beratungsstelle in Westfalen konnten neben der individuellen Recherchebegleitung als Ergebnis der Forschungsarbeit gut verständliche, online verfügbare Recherchehilfsmittel zur Verfügung gestellt werden: das Heimverzeichnis, ein informativer Rechercheführer bzw. -ratgeber und ein sachthematisches Inventar zu den Beständen im Landesarchiv Baden-Württemberg.[14] Eine Informationssammlung war erarbeitet worden, die nachhaltig, über das Projekt hinaus, einen hohen Wert sowohl für die spätere individuelle Recherche als auch für weitere Forschungsprojekte besitzt. Mit dem Projekt hat sich das Landesarchiv Baden-Württemberg, so Nastasja Pilz *in vielfacher Weise auf neues Terrain begeben*. In der Rückschau zieht sie eine positive Bilanz: *Bei über 70 Prozent der ehemaligen Heimkinder ließen sich umfangreiche personenbezogene Akten unterschiedlicher Provenienz in Archi-*

---

14 https://www.landesarchiv-bw.de/de/recherche/rechercheratgeber/71626 (aufgerufen 28.07.2023).

ven ermitteln – Akten, die vermutlich in den wenigsten Fällen von den Betroffenen selbst gefunden, geschweige denn eingesehen worden wären.[15]

Personenbezogene Recherchen als Beitrag der Archive zur Aufarbeitung

Welche Erkenntnisse lassen sich nun aus den Erfahrungen mit der Aufarbeitung der Heimerziehung ziehen? Betroffene werden fortan zu einer festen Nutzergruppe von Archiven gehören. Es zeigt sich bereits jetzt, dass Anfragen von Betroffenen auf der Suche nach der eigenen Lebensgeschichte auch nach Auslaufen eventueller Entschädigungsleistungen eingehen.

Weitere Themenkomplexe haben die Archive bereits erreicht. Aktuell bemühen sich die sogenannten Verschickungskinder um Aufarbeitung ihres Leidensweges. Im Landesarchiv Baden-Württemberg wurde ein drittes Projekt initiiert. Im Archiv LWL laufen Recherchen zum missbräuchlichen Einsatz von Medikamenten an Kindern und Jugendlichen in stationären Einrichtungen. Weitere Themen der individuellen Aufarbeitung von Unrecht werden folgen. Diese rechtzeitig zu erkennen und Strategien zu entwickeln, welcher Beitrag seitens der Archive geleistet werden kann, ist dringend geboten.

Bei der Aufarbeitung von Unrecht übernehmen Archive als zentrale Erinnerungs- und Gedächtnisorte im demokratischen Rechtsstaat eine wichtige Funktion. Ihr Vorteil ist ihre Neutralität, sie waren nicht Teil des Unrechtssystems. Auf der Grundlage von Archivgesetzen bewahren sie rechtssicher die Quellen und stellen sie für Nutzung und Auswertung zur Verfügung. Die Aufarbeitung der Heimerziehung hat gezeigt, dass die Biografieforschung durch Betroffene besondere Herausforderungen mit sich bringt, und zwar vor allem im Hinblick auf die Sicherung relevanter Quellen und ihre Aufbereitung und Nutzung.

Sicherung relevanter Quellen

Im Hinblick auf die Sicherung relevanter Quellen konnten längst noch nicht alle offenen Fragen geklärt werden, die Diskussion darüber läuft. Wie kann für Menschen in besonderen Lebensphasen, zu denen es sonst keinerlei Unterlagen gibt, sichergestellt werden, dass unabhängig von einem Träger – mit oder ohne Anbietungspflicht gegenüber einem Archiv – relevante Unterlagen lebenslang aufgehoben werden, wenn das *Recht auf Erinnern*[16] allgemeine Anerkennung findet? Müssen Aufbewahrungsfristen verlängert werden? Wer ist für die Aufbewahrung über einen längeren Zeitraum verantwortlich? Vergleichbar mit Adoptionsakten (100 Jahre nach Geburt) die Träger, mit allen Risiken, dass beispielsweise aus Unkenntnis die Unterlagen zu früh kassiert werden?

---

[15] *Pilz*, wie Anm. 9.
[16] Clemens *Rehm*: Recht auf Erinnerung: Rechtssicherung durch Überlieferungsbildung. In: Archive im Rechtsstaat. Zwischen Rechtssicherung und Verrechtlichung. 51. Rheinischer Archivtag, 6.–7. Juli 2017 in Essen (Archivhefte 49). Bonn 2018. S. 43–61.

Oder die Archive, die bereits Routine bei der Führung von Zwischenarchiven haben, in denen sie temporär Unterlagen verwahren und zugänglich machen? Das Für und Wider von Denkmodellen wie *Archivisches Kassationsmoratorium* oder *Fristarchivgut* wird in Fachkreisen kontrovers diskutiert.[17]

Weitergehende Fragen schließen sich an: Bleiben Archive im Rahmen der Überlieferungsbildung dabei, die massenhaft gleichförmigen Einzelfallakten bestenfalls in Auswahl zu übernehmen? Clemens Rehm, der sich in einem Beitrag mit dem Bewertungskriterium *Rechtssicherung* befasst, reflektiert, *ob ein dauerhaftes Interesse an einer ausgeweiteten Überlieferung von personenbezogenen Daten besteht? Wäre eine stärkere Übernahmequote aufgrund der stärkeren Individualisierung der Gesellschaft und ihrer historischen Relevanz gerechtfertigt?*[18]

Die Vorstellung Betroffener, die mit Beginn der Aufarbeitungsprozesse öfter formuliert wurde, die entsprechenden Quellen an einem zentralen Ort zusammenzuführen, ist kein Thema mehr und wäre sicherlich auch am Widerstand der Archivcommunity gescheitert. Eine virtuelle Zusammenführung der Quellen bietet alle Möglichkeiten für Transparenz und Zugang.

Nutzung

Bei Anfragen von Betroffenen reicht es bei weitem nicht aus, im eigenen Archiv zu prüfen, ob relevante Unterlagen vorhanden sind und bei einem Negativbefund bestenfalls noch allgemeine Hinweise zu geben, in welchem Archiv ggf. etwas zu finden wäre. Schon die Tatsache, dass möglicherweise noch Unterlagen in Verwaltungen zu finden sind, verbietet diese Vorgehensweise.

Viele Projekte, vor allem aber die einschlägigen in Baden-Württemberg, haben gezeigt, welche Kompetenzen und Möglichkeiten Archive haben, Betroffene auf der Suche nach Dokumenten individuell, vertrauensvoll, auf Augenhöhe und transparent zu unterstützen und gleichzeitig weit über die Klärung individueller Anfragen hinaus, Themen durch historische Aufarbeitung und die Bereitstellung von Recherchewerkzeugen so aufzubereiten, dass sie auch für spätere Nutzungen unterschiedlicher Zielgruppen verfügbar sind. Darüber hinaus kann es mit gezielter Öffentlichkeitsarbeit (Ausstellungen etc.) gelingen, die Aufarbeitung von Leid und Unrecht in die Gesellschaft zu tragen. Allein die Tatsache, dass in Baden-Württemberg im Zuge der Aufarbeitung von Unrecht bereits das dritte Projekt im Landesarchiv aufgelegt wurde, spricht für eine Verstetigung der Aufgabe in Archiven.

---

[17] Clemens *Rehm*: Fristarchivgut und Kassationsmoratorien. Erinnerung für Betroffene im Archiv. In: Archive und Aufarbeitung sexuellen Missbrauchs. Hg. von Sabine *Andressen* und Johannes *Kistenich-Zerfaß* (Arbeiten der Hessischen Historischen Kommission Neue Folge Band 41). Darmstadt 2020. S. 39–54. – Christian *Keitel*: Unterlagen von persönlicher Relevanz. In: Aufarbeitung, Akten, Archive – zum Umgang mit sensiblen Dokumenten. Hg. von der Unabhängigen Kommission zur Aufarbeitung sexuellen Kindesmissbrauchs. Berlin 2023. S. 26–31.

[18] Clemens *Rehm*: Recht auf Erinnerung, wie Anm. 16, S. 60.

Handlungsbedarf für Archive besteht in allen Bundesländern. Die aktuell laufende Aufarbeitung des Schicksals sogenannter Verschickungskinder verlangt nicht nur eine archivspartenübergreifende, sondern auch eine länderübergreifende Perspektive. Auch wenn zunächst weder eine Verstetigung der Aufgabe, noch ausgewiesene Projektstellen realisiert werden können, sollten zumindest in einigen personell besser aufgestellten Archiven kompetente Ansprechpartner:innen mit koordinierender Funktion zur Verfügung stehen, die ggf. Abfragen nach Quellen bei Archiven und Registraturbildnern starten und diese Informationen dann bündeln, die sich mit Betroffenen vernetzen, z. B. über gemeinsame Veranstaltungen, die sozialen Medien, Online-Sprechstunden etc.

Schlussbemerkung

Clemens Rehm hat die archivische Fachdiskussion zu vielen Themen entscheidend mitgeprägt, u.a. zur Gesellschaftsrelevanz und Verantwortung von Archiven als Gedächtnisinstitution: *Im Interesse der Bürgerinnen und Bürger besteht Handlungsbedarf. Es geht um das ‚Recht auf Erinnern'. Für die öffentliche Wahrnehmung der Archive als Gedächtnisinstitutionen auch für individuelle berechtige Belange – als spürbares „Bürgerarchiv" ergeben sich zusätzliche Chancen.*[19]

Nicht nur beim Thema Heimerziehung haben Archive bereits gezeigt, dass sie die Bedürfnisse der Betroffenen erkennen und bereit sind, die Herausforderungen sowohl bei der Überlieferungsbildung als auch bei Nutzung von Unterlagen anzunehmen. Allerdings, ohne zusätzliche Ressourcen bei dem ohnehin schon breitgefächerten Aufgabenspektrum der Archive wird es nicht gehen. *Wie viel ist die archivische Sicherung von Informationen zu einzelnen Mitgliedern unserer Gesellschaft wert?*[20] Die Beantwortung dieser zentralen Frage von Clemens Rehm steht nach wie vor aus.

---

[19] Clemens *Rehm*: Recht auf Erinnerung, wie Anm. 16, S. 60.
[20] Clemens *Rehm*: Fristarchivgut und Kassationsmoratorien, wie Anm. 17, S. 54.

Autorinnen und Autoren

Dr. Wolfhart Beck

    Archivpädagoge am Landesarchiv NRW

    Landesarchiv NRW
    Abteilung Westfalen
    Bohlweg 2, 48147 Münster
    https://www.archive.nrw.de/landesarchiv-nrw

Prof. Dr. Christian Keitel

    Leiter des Referats Überlieferungsbildung und stellvertretender Abteilungsleiter

    Landesarchiv Baden-Württemberg
    Archivischer Grundsatz
    Urbanstraße 31 A, 70182 Stuttgart
    https://www.landesarchiv-bw.de

Prof. Dr. Gerald Maier

    Präsident des Landesarchivs Baden-Württemberg

    Landesarchiv Baden-Württemberg
    Urbanstraße 31 A, 70182 Stuttgart
    https://www.landesarchiv-bw.de

Dr. Udo Schäfer

    Direktor des Staatsarchivs

    Freie und Hansestadt Hamburg
    Behörde für Kultur und Medien
    Staatsarchiv
    Kattunbleiche 19, 22041 Hamburg
    https://www.hamburg.de/staatsarchiv

Katharina Tiemann

    Leiterin des Referats Jugend und Kultur

    LWL-Archivamt für Westfalen
    Jahnstraße 26, 48147 Münster
    https://www.lwl-archivamt.de

Dr. Kai Wambach

Referent für Wiedergutmachung nationalsozialistischen Unrechts

Bundesministerium der Finanzen
Referat V B 6
Am Propsthof 78 A, 53003 Bonn
https://www.bundesfinanzministerium.de

Cornelia Wenzel

Bis 2020 Wissenschaftliche Mitarbeiterin im Leitungsteam des Archivs der deutschen Frauenbewegung (AddF)

Archiv der deutschen Frauenbewegung
Gottschalkstraße 57, 34127 Kassel
https://addf-kassel.de/

Dr. Jakob Wührer

Leiter des Bereichs Archivierungsprozesse & Innovation

Oberösterreichisches Landesarchiv
Anzengruberstraße 19, A-4020 Linz
https://www.landesarchiv-ooe.at/

Prof. Dr. Wolfgang Zimmermann

Abteilungsleiter

Landesarchiv Baden-Württemberg
Generallandesarchiv Karlsruhe mit Dokumentationsstelle Rechtsextremismus
Nördliche Hildapromenade 3, 76133 Karlsruhe
https://www.landesarchiv-bw.de